Jaya Herbst

Schon wieder ich!

W0197801

Jaya Herbst

Schon wieder ich!

Über die
Opferrolle
und wie wir uns
davon
befreien

Kösel

Für meine Lehrer und meine Familie.
Und für die Menschen, die ich auf ihrem Weg
der Selbsterforschung begleiten durfte.

© 2002 by Kösel-Verlag GmbH & Co., München
Printed in Germany. Alle Rechte vorbehalten
Druck und Bindung: Pustet, Regensburg
Umschlag: Kaselow Design, München
Umschlagmotiv und Illustrationen: Peter Herbst, Mannheim
ISBN 3-466-30578-0

Gedruckt auf umweltfreundlich hergestelltem Werkdruckpapier
(säurefrei und chlorfrei gebleicht)

»Wenn man den Weg nicht weiß«,
sagte der kleine Bär,
»braucht man zuerst einen Wegweiser.«

Janosch: *Oh wie schön ist Panama*

Mein Dank

gebührt zunächst Dagmar Olzog vom Kösel-Verlag, die mich inspirierte und ermutigte, mein Wissen in Buchform zu bringen; Dr. Hedwig Pross, die mich geduldig und liebevoll unterstützte und mir bei meinen »stilistischen Einbrüchen« half; meinen Lehrern, besonders Dr. Ralph Jordan, dem ich einen großen Teil meines Wissens verdanke und der mich ermutigte, an mich zu glauben; allen meinen Freunden, die in mir Fähigkeiten erkannten, die ich zunächst nicht in mir sah, und die mich anspornten, das Buch auch tatsächlich zu schreiben; und den Menschen, die mir erlaubt haben, sie ein Stück auf ihrem Weg zu begleiten, und durch deren Erfahrungen ich lernen konnte; allen voran aber meinem Mann, Partner und Kollegen, Peter Herbst, der durch seine Illustrationen das Buch mit einigen Spritzern Humor würzte und der mir in Liebe zur Seite steht.

Inhalt

Einleitung   9

**Teil I: Die Entstehung und Wirkung
von Opfergefühlen**   **17**
Wie entstehen Opfergefühle?   17
Von der Erfahrung zur Einstellung   28
Lebensaspekte, die die Ausbildung von
Opfergefühlen besonders fördern   36
Gut und Böse – Licht und Schatten   43
*Scham- und Schuldgefühle – Der Teufelskreis
der negativen Selbstbewertung*   61
*Der Mythos vom wahren Mann und der
wahren Frau*   72
Die Kunst, zu geben und zu nehmen   87
Wie Opfergefühle wirken   95
Opfergefühle und Kommunikation   107
Der vermeintliche Gewinn   121
Zusammenfassung   136

Teil II: Schritte der Transformation   **139**
Selbstannahme   139
Der konstruktive Zweck einer (früheren) Lösung   151
Die verursachende Einstellung für
Opfergefühle erkennen   160
Was habe ich daraus gelernt?   168
Zielplanung   181
Sackgassen auf dem Weg   196

Eine Vision des Friedens   **206**

Miss Perfect

Einleitung

Das Wort »Opfer« löst bei uns die verschiedensten Gefühle und Assoziationen aus.

In unserer Zeit der Massenmedien scheint es unzählige Fälle von Mord und Totschlag und Opfern dieser Aktivitäten zu geben. Das Fernsehen serviert uns das tägliche Gemisch aus Katastrophen und Gewaltmeldungen in den Nachrichten. Aber selbst jene Sendungen, die dem Vergnügen und der Entspannung dienen sollten, geraten immer mehr zu einem Forum, in dem Gewalttätigkeit als normal angesehen wird, während friedliche Konfliktlösung die Ausnahme bildet. Oft dienen die dabei gezeigten Opfer dem Zweck, nachfolgende Gewaltszenen moralisch zu rechtfertigen, denn das Leid der Opfer rechtfertigt die Grausamkeit der Rächer. Das ermöglicht uns, den Zuschauern, Gewalt als etwas Legitimes, ja sogar Unterhaltsames zu bewerten, da sie den offensichtlich Schuldigen angetan wird, die so gerecht bestraft werden.

So gesehen scheint das Täter-Opfer-Schema ein einfaches zu sein. Die Realität ist jedoch sehr viel komplizierter: Wer kann bei einem Krieg oder Bürgerkrieg nach einiger Zeit noch sagen, wer eigentlich die Täter und wer die Opfer sind? Fangen nicht irgendwann einmal alle an, Opfer zu werden, zum Beispiel Opfer des Krieges an sich, und werden aus diesen leidgeprüften Opfern nicht allzu bald wieder Täter, die rächend neue Opfer erzeugen?

Das Täter-Opfer-Thema ist sicherlich so alt wie die Menschheit selbst und hat in der Geschichte wie in der Gegenwart eine Unmenge an Verheerung und Leid verursacht. Die dabei herrschenden unbewussten und subtilen Mechanismen verhalten sich im Großen so wie im Kleinen, in Konflikten zwischen Staaten und Völkern so wie in Beziehungskonflikten zwischen Individuen und wie auch in der Psyche des einzelnen Menschen.

Dieses Buch möchte diese Mechanismen ins Bewusstsein rücken und klarer sichtbar machen. Es befasst sich dabei mit *alltäglichen Opfergefühlen,* die wir alle kennen, mit der Opferrolle, in die wir alle verfallen und die uns in Konfliktsituationen hilflos wie in einem Spinnennetz zappeln lässt. Wir sind dann unfähig, unsere Handlungen und Emotionen konstruktiv zu einer Veränderung dieser Konfliktsituationen einzusetzen.

Sind wir in der Opferrolle gefangen, haben wir uns zu sehr damit identifiziert, ein Opfer von irgendjemandem oder irgendetwas zu sein. Ein Teil von uns dürstet für das vermeintlich erlittene Unrecht nach Rache oder wartet darauf, dass ein anderer für uns die Kartoffeln aus dem Feuer holt, da wir glauben, nicht selbst verantwortlich oder befähigt zu sein, etwas zu ändern.

Sicher muss es dabei nicht immer zu Gewalttätigkeiten kommen. Tatsächlich ist der Ausdruck körperlicher Gewalt im alltäglichen, persönlichen Konflikt sogar eher selten. Im zwischenmenschlichen Bereich aber gibt es sehr viele Formen destruktiver Handlungen, durch die wir uns und unsere Mitmenschen nachhaltig schädigen, Ehen zerrütten, Kindern schlechte Vorbilder sind oder unser eigenes Leben massiv beeinträchtigen können.

Oft sind die »Täter« auch gar nicht klar erkennbar. Manchmal denken wir, so wenig greifbare Dinge wie das Leben selbst, die schwierige Kindheit, die Umstände, das mangelnde Glück, ein ungerechter Gott seien die Täter, die »es« uns angetan haben und die uns in einem Zustand der Hilflosigkeit oder ohnmächtigen Wut zurücklassen. Das kann der Beginn eines lebenslangen selbstschädigenden Verhaltens werden, mit dem wir den Einzigen schädigen, den wir wirklich erreichen können, nämlich uns selbst.

Wenn wir mit Menschen zu tun haben, die wir als Opfer identifizieren, empfinden und reagieren wir oft ambivalent. Das Leiden des Opfers rührt vielleicht unser Herz, eine Reaktion, die unser Gewissen bejahen würde. Manchmal lassen wir es bei bloßem Mitgefühl nicht bewenden, spenden Geld oder versuchen auf andere Weise zu helfen. Oft geht dieses Helfenwollen mit einem sehr subtilen Überlegenheitsgefühl bis hin zu offener Verachtung einher. Beides entspringt unserer Position der Stärke, des Nicht-Opfer-Seins. Wir sind auf der Seite derer, die Glück hatten, die stark sind oder bevorzugt. Dadurch schaffen wir eine gewisse Distanz zu den »Glücklosen«, die unserer Hilfe bedürfen. Wir begeben uns damit in die sozial geachtete Position des Helfers.

Aber auch die Position des Opfers wird auf gewisse Art geachtet, am meisten dadurch, dass es oft schuldlos einer Bedrängnis ausgesetzt erscheint und hilflos wirkt. Diese moralische Schuldlosigkeit und Bedürftigkeit beinhaltet einen moralischen Anspruch auf Unterstützung und lässt dadurch die Position des Opfers sympathisch erscheinen – im Gegensatz zur Position des Täters, der nicht leiden muss und wie der Helfer stark sein kann. Moralisch aber ist er indiskutabel, er ist »schlecht«.

Der Wunsch, schuldlos zu sein und deswegen Anspruch auf Hilfe zu haben, führt oft dazu, sich unbewusst als Opfer zu definieren und die dazu passenden Opfergefühle zu entwickeln. Wir können somit auch nicht erkennen, was sie eigentlich ausdrücken möchten.

Ein Beispiel soll dies illustrieren. Es ist ein ganz alltägliches Beispiel und könnte in jeder Firma, jeder Familie oder jedem anderen sozialen Verband in vergleichbarer Weise vorkommen.

Herr Müller, Chef einer Firma mit vielen Angestellten, hat während seiner langjährigen Tätigkeit in einer Führungsposition und dem damit verbundenen Umgang mit Macht einen Führungsstil entwickelt, den man als zur Schau gestellte Überlegenheit bezeichnen könnte. Ihm selbst ist dieses negativ wirkende Auftreten nicht bewusst. Er erfährt eher noch Bestätigung durch den Kontakt mit anderen Führungspersönlichkeiten aus seinem Freundes- oder besser Bekanntenkreis. Von tiefen Freundschaften kann man bei ihm nicht sprechen, da es ihm sehr schwer fällt, emotionalen Kontakt herzustellen.

Seine eigenen Autoritätsvorstellungen und die Identifikation mit für ihn bedeutungsvollen anderen Autoritäten haben ihn zur Überzeugung gebracht, »Befehlshaber« zu sein. Alle anderen in der sozialen Hierarchie unter ihm stehenden Menschen hält er für ausschließlich dazu bestimmt, ihn zu bedienen und seinen Wünschen und Anordnungen Folge zu leisten.

Anders gesagt: Ihm ist die Achtung vor seinen Angestellten abhanden gekommen.

Ihm gegenüber steht Frau Fritz, seine Chefsekretärin, eine ehrgeizige, verantwortungsbewusste und leistungsstarke Frau, die sich ihre Position in der Firma erarbeitet hat. Sie ist überzeugt, eine Frau sei dazu prädestiniert, sich männlicher Autorität, in diesem Fall ihrem Chef, unterzuordnen. Diese Vorstellung, nicht gleichwertig zu sein, belastet sie von Kindheit an.

Mit sich selbst ist Frau Fritz oft unzufrieden, weil sie glaubt, sich gegen die schroffe Art ihres Vorgesetzten nicht abgrenzen zu können. Außerdem schließt sie aus seinen Umgangsformen, ihre eigene Leistung genüge nicht. Sie sehnt sich nach männlicher Anerkennung, erhält sie diese nicht, stellt sie ihre Leistung und damit ihren Wert überhaupt in Frage. Dann treibt sie sich zur äußersten Leistungsfähigkeit an, Fehler darf es bei ihr nicht geben, unterläuft ihr doch einer, quält sie sich mit Selbstvorwürfen. Ihre Konflikte mit männlichen Autoritäten drückt sie einerseits in angepasstem Verhalten, andererseits in unterschwelligem Zorn aus, den sie, da sie es nicht wagt, ihn an den eigentlichen Adressaten zu richten, an dem ihr untergebenen weiblichen Personal ausagiert.

Weder Herr Müller noch Frau Fritz sind sich dieser ablaufenden Dynamik bewusst.

Folgender Dialog könnte sich in Gedanken und Worten entwickeln:

Herr Müller: »Frau Fritz, den Kaffee wie immer. Achten Sie darauf, dass die Tassen sauber gespült sind, die waren gestern schmutzig.«

Der Ton von Herrn Müller ist indifferent, er schaut während seiner Worte nicht von seinem Schreibtisch auf.

Frau Fritz wird rot, fühlt sich in ihrer Ehre als korrekte Arbeitskraft angegriffen und möchte sich verteidigen:

Frau Fritz: »Das war die Putzfrau, die spült nie ordentlich!«

Herr Müller, ihr Gekränktsein ignorierend und in seiner Arbeit fortfahrend: »Also den Kaffee um 9.00 Uhr!«

Frau Fritz: »Natürlich, Herr Müller.«

Ihre Stimme ist unterdrückt zornig, sie verlässt demonstrativ den Raum. Ihren Ärger deutlicher zu bekunden, gestattet sie sich nicht. Gedanklich spricht sie jedoch all das aus, was sie sich im direkten Kontakt nicht zugesteht.

Herr Müller denkt: »Auf Personal ist heutzutage auch kein Verlass mehr. Wenn man sich nicht um alles selber kümmert ...! Und dann noch diese patzige Art von Frau Fritz, dabei ist sie die bestbezahlte Sekretärin und hat weiß Gott keinen Grund sich zu beklagen!« Er erinnert sich an seine Frau, mit der er heute im Streit auseinander gegangen ist, weil sie sich beschwerte, dass er immer mehr in seiner Arbeit versinke und die Familie vernachlässige, obwohl er doch alles nur für die Familie tut!

Frau Fritz ist zornig und fühlt sich ungerecht behandelt, weil sie erstens die Tassen nicht gespült hat, dies fällt nicht in ihren Zuständigkeitsbereich, und zweitens ist ihr das schmutzige Geschirr auch schon aufgefallen. Sie hat es mehrfach selbst gespült und auch bei der Putzfrau reklamiert. Sie hat jetzt einen »gerechten« Zorn auf die Putzfrau. Diese macht Frau Fritz verantwortlich für den Ärger auf ihren Chef, der ihr keine Anerkennung zollt und nicht sieht, wie viel sie für die Firma leistet, all die Überstunden, all das Zurückstellen ihrer eigenen Person ...

Dieses Beispiel wäre endlos fortzuführen. Ich könnte die Position der Putzfrau beleuchten und die der Ehefrau von Herrn Müller.

Herr Müller begreift sich als Opfer von Frau Fritz' patziger Art, hat aber selbst keinen Kontakt zu seiner eigenen Unhöflichkeit. Er fühlt sich auch als Opfer seiner Frau, die seiner Ansicht nach nur zeitliche und finanzielle Forderungen an ihn stellt, immer mehr von ihm verlangt und seine Bemühungen, für die Familie finanzielle Sicherheit zu erwirtschaften, nicht anerkennt.

Frau Fritz wiederum fühlt sich als Opfer der Männer, insbesondere ihres Chefs, die ihr alle zusammen keine Anerkennung gewähren. Sie ist sich ihrer tiefen Abhängigkeit von männlicher Anerkennung nicht bewusst und weiß auch nicht, dass sie diese mangelnde Anerkennung benutzt, um sich stetig anzutreiben. Ihr ist nicht klar, dass nur sie selbst die Schlüssel zur Lösung ihres Problems in der Hand hält, indem sie selbst beginnt, sich und ihre Leistung wertzuschätzen. Weiterhin fühlt sich Frau Fritz als Opfer der Putzfrau, die sie für die Entstehung dieses Konflikts verantwortlich macht.

Was diese beiden Personen verbindet, ist zum einen das Gefühl, sich als Opfer anderer zu fühlen, zum anderen ihre Unfähigkeit, eben dies zu erkennen. Was sie erkennen, ist Zorn auf diejenigen Personen, die jeweils aus ihrer Sicht einen Konflikt verursachen. Ihr eigenes Verhalten erscheint ihnen logisch und vor allem gerechtfertigt. Die sie umgebenden Lebensumstände empfinden sie als objektiv gegeben und durch sie selbst nicht beeinflussbar. So sehen sie die Lösung ihres Problems in der Hand anderer Personen.

Würden Frau Fritz oder Herr Müller einer befreundeten Person von dem Erlebnis erzählen, würde diese vermutlich entweder mit Verurteilung oder mit Solidarisierung reagieren: »Das war aber auch wirklich ungerecht!«, »Wie konntest du dir das bieten lassen!« oder »Ich hätte genauso gefühlt, mich ähnlich verhalten«. Auch Ratschläge wären denkbar: »Ich an deiner Stelle hätte soundso reagiert.«

All diese Reaktionen erweisen sich auf die Dauer wenig hilfreich für das »Opfer«. Abgesehen davon, dass so ein Gespräch eine vorübergehende Erleichterung bewirkt, nähren diese Antworten meist nur das Gefühl, ein Opfer zu sein, wobei wie gesagt solche emotionalen Reaktionen in der Regel nicht bewusst als Opfergefühle wahrgenommen werden. Diese Menschen spüren in sich eher eine Mischung aus Zorn und Resignation, vielleicht verbunden mit der inneren Frage »Warum geschieht so etwas immer mir?«, »Warum schon wieder ich?«.

Spüren die Betroffenen, dass ihr eigenes Verhalten das Geschehen mitbestimmt hat, reagieren sie oft mit Scham, Hilflosigkeit oder Selbstverurteilung. Damit fügen sie der Problematik noch ihre eigenen Bewertungen hinzu und erschweren eine Analyse der Ursachen. Oft erscheint dann nur der Weg der Leugnung oder Verdrängung möglich.

Wenn Sie zu diesem Buch gegriffen haben, fühlten Sie sich angesprochen – vielleicht vom Titel, vielleicht von der Illustration. Aber etwas *in Ihnen* reagierte auch auf die Thematik. Vielleicht sahen Sie es im Regal und dachten: »Oh, ein Buch für Tante Agathe oder Onkel Kunibert«. Beim Lesen werden Sie vermutlich feststellen, dass Sie auch das eine oder andere Opfergefühl in sich selbst erkennen können.

Mein Wunsch ist es, durch dieses Buch Unterstützung anzubieten, den Teufelskreis eigener Opfergefühle besser zu erkennen und Wege aufzuzeigen, aus ihm herauszukommen. Der erste Teil beschäftigt sich mit der Entstehung und Wirkung von Opfergefühlen, der zweite gibt konkrete Anleitungen, wie man sich von der Opferrolle befreien kann.

Die Übungsteile im Anschluss an jedes Kapitel sollen Ihnen helfen, sich neue Sichtweisen anzueignen. Die darin enthaltenen Anregungen und Fragestellungen sollen Ihnen die Möglichkeit anbieten, größere innere Klarheit und Erkenntnis zu erlangen. Ich möchte Ihnen empfehlen, sich für Ihre Antworten Zeit zu nehmen und sich Notizen zu machen.

Übungsteil

Was war Ihre Motivation, zu diesem Buch zu greifen?

Kennen Sie vielleicht eigene Opfergefühle?

Wenn ja:
➤ In welchen Lebensbereichen fühlen Sie sich manchmal als Opfer?
➤ Was könnte die Ursache für diese Gefühle sein?

Wenn nein:
➤ Nochmals: Aus welcher Motivation haben Sie zu diesem Buch gegriffen?

TEIL 1

Die Entstehung und Wirkung von Opfergefühlen

Wie entstehen Opfergefühle?

Opfergefühle sind eng verbunden mit dem Prozess der Schuldzuweisung.

Die Anklage desjenigen, der sich als Opfer fühlt, erfolgt entweder lautstark oder in einer subtilen, emotionalen, nicht klar formulierten Weise. Feindselige Handlungen, im Kleinen in der Familie oder im Großen zwischen Nationen, werden durch Opfergefühle eingeleitet. Die Härte, mit der das so genannte Opfer manchmal zuschlägt, weist auf ein Gefühl der inneren Berechtigung zur Aggression hin.

Betrachten wir die Vorgänge, die im Naziregime zur Judenverfolgung geführt haben, stellen wir fest, dass große Teile der Deutschen der Vorstellung anhingen, Opfer von

Menschen jüdischen Glaubens zu sein. Diese mentale Indoktrination von Seiten der NS-Führung war notwendig, um den grausamen Plan der Vernichtung realisieren zu können – wohlgemerkt: nicht als Täter, sondern in der Vorstellung, man müsse sich gegen die ausbeuterischen Juden zur Wehr setzen.

In kriegerischen Auseinandersetzungen verwischen sich die Grenzen, jede beteiligte Partei bezeichnet sich selbst als Opfer und die andere als die, gegen die es sich zu verteidigen gilt, um nicht selbst vernichtet zu werden. Jede Partei leugnet, den ersten aggressiven Schritt getan zu haben.

Während meiner Tätigkeit im Strafvollzug habe ich die Erfahrung gemacht, dass sich die meisten der Inhaftierten als Opfer definierten. Sie waren überzeugt, Opfer von Justizirrtümern zu sein, Opfer, die letztlich nur deshalb zu Tätern wurden, weil sie, in die Enge getrieben, sich ihrer Haut wehren mussten.

Derselben Einstellung begegnen wir auch in Paarbeziehungen und in der Familie. Viele Menschen verbringen lange Abschnitte ihres Lebens mit der Vorstellung, ein Opfer ihrer Erziehung, sprich ihrer Eltern, der Gesellschaft, des Ehepartners oder der Kinder zu sein.

Opferhaltungen sind so weit verbreitet, so selbstverständlich, dass man sie fast als normal bezeichnen könnte. Sie werden damit praktisch nicht in Frage gestellt, wodurch es zu einem ständigen Austausch von Schuldzuweisungen und Opferbotschaften kommt.

Das Kind als »Opfer« der Eltern

Es drängt sich die Frage auf, welche Prozesse das Gefühl verursachen, ein Opfer der anderen zu sein. Und warum diese Einstellung, obwohl sie sich entwicklungsverzögernd auswirkt, von vielen Menschen so festgehalten wird.

Um dies verstehen zu können, ist es notwendig, in die Zeit der Kindheit zurückzugehen.

Um ein dauerhaftes Opfergefühl zu entwickeln, hat das Kind in der Regel eine Erfahrung gemacht, die es verletzt oder tief enttäuscht hat. Diese Erfahrung kann in der Biografie unterschiedlich lange zurückliegen. Je länger sie zurückliegt, desto weniger Möglichkeiten hatte das Kind, sie zu verarbeiten, da die physischen und geistigen Fähigkeiten dazu noch nicht entwickelt waren.

Die Eltern erscheinen aus der Perspektive des Kindes als allmächtig und allwissend. Es erlebt die Eltern als die Repräsentanten einer festen Ordnung, ja eines Gesetzes, dem es mehr oder weniger hilflos ausgeliefert ist. Dieses Gesetz kann je nach dem inneren Entwicklungsstand der Eltern fehlerhaft, unvollkommen, tragend oder liebevoll sein. Es ist letztendlich aus der Fähigkeit der Eltern gebildet, sich selbst zu lieben und dies als Liebe an ihre Kinder weiterzugeben. Für das Kind ist die elterliche Gesetzmäßigkeit nicht unbedingt nachvollziehbar oder verständlich. Sie erweist sich ihm mal als richtig und gut, mal als schmerzhaft und richtig, mal als schmerzhaft und falsch. Aber bevor das Kind in der Lage ist, diese Bewertungen vorzunehmen, besteht eine lange Zeit, in der es den elterlichen Gesetzen ohne Reflexion unterworfen ist, in der es diese verinnerlicht und intuitiv als die Gesetzmäßigkeiten des Lebens anerkennt.

Die Erfahrungen unserer ersten Lebensjahre, seien sie uns über unsere Väter, Mütter oder sonstige enge Bezugspersonen vermittelt, bilden unser intuitives Wissen, ob die Welt gewährend, liebevoll, stärkend oder kalt, zurückweisend, strafend oder gar bedrohlich ist.

Ein Neugeborenes kann noch keine Trennung zwischen seiner direkten Umgebung und der übrigen Welt vornehmen. Es versucht durch Weinen, mimische Signale und Bewegungsimpulse die Liebe dieser, seiner Welt zu gewinnen.

Die mütterliche Zuwendung ist zu Beginn des Lebens sozusagen »die« Welt. Aus ihr bilden wir unser Körpergefühl sowie unsere innere Haltung zu unseren nährenden, bewahrenden Anteilen. Diese primäre Erfahrung vermittelt uns ein Gefühl für Raum, Geborgenheit und Zufriedenheit. In der frühen Kindheit erworben, bewirkt sie im Erwachsenen die Möglichkeit, sich selbst anzunehmen und inneres, unabhängiges Wohlbefinden herzustellen. Weiterhin verhilft sie uns, die emotionalen und körperlichen Bedürfnisse zu erkennen und zu befriedigen. Sie ist entscheidend dafür, liebevolle Beziehung zu sich selbst und anderen pflegen zu können.

Unsere durch den Vater vermittelten Erfahrungen schaffen unser Gefühl zur geistigen und mentalen Welt und zu unserer Struktur gebenden Kraft. Sie wirken in der Person stimulierend, möchten, dass wir Neues erproben, vorwärts gehen und unsere Grenzen erweitern. Sie lassen uns unzufrieden werden mit Altem und Gewohntem, lassen uns nach Entwicklung verlangen. In unserer Beziehung zu uns selbst sorgen sie dafür, dass wir in Bewegung kommen und vorwärts streben. In unserem Beziehungsleben bewirken sie, dass wir überhaupt eine Beziehung für uns verlangen und uns dafür einsetzen.

Es spielt eine untergeordnete Rolle, ob die mütterliche und väterliche Position tatsächlich durch unsere Mutter und unseren Vater oder eine sonstige enge, zuverlässige Bezugsperson verkörpert wurden. Die aber in der Regel durch die Eltern vermittelten Erfahrungen bleiben als Aussagen über die Welt in uns so lange unbewusst wirksam, bis wir sie uns meist erst als Erwachsene bewusst machen und möglicherweise dann andere, neue Entscheidungen treffen.

Die konstruktive Macht der Eigenliebe

Die Fähigkeit der Eltern, ihren Kindern dieses nährende, konstruktive Feld zu schaffen, hängt größtenteils davon ab, wieweit sie selbst Zugang zu diesem Bedürfnisbereich haben und fähig sind, auch ihr eigenes inneres Kind zu lieben und zu nähren – dies ist ein Aspekt der Eigenliebe.

In der Bibel steht im Matthäusevangelium als zweites Gebot:»Du sollst deinen Nächsten lieben wie dich selbst.« (Mt 22,39) In diesen Worten ist neben der Aufforderung zur Liebe des Nächsten eine Aufforderung zur Eigenliebe enthalten. Im Umkehrschluss können wir feststellen, dass wir unseren Nächsten nur genauso viel lieben können, wie wir bereit sind, Eigenliebe zu leben.

Eigenliebe wird oft mit seinen »zerstörerischen Begleitern«, der Egozentrik und der Selbstnachgiebigkeit, verwechselt. Hier ist jedoch vom konstruktiven Ausdruck der Eigenliebe die Rede.

So ist also diese Fähigkeit der Eltern ausschlaggebend dafür, ob ein junger Mensch eine vertrauensvolle Beziehung zum Leben und den Gesetzmäßigkeiten des Lebens entwickeln kann. Gelingt diese Beziehung, wird er als Erwachsener eigene Handlungen mit gerechtfertigten Konsequenzen im Guten wie im Schlechten verbinden. Gelingt sie nicht, wird er das Leben als willkürliche, unberechenbare Kraft erleben, der er ausgeliefert ist wie einer Naturgewalt, als Opfer ohne eigene Handlungskompetenz.

Ein Beispiel:

Eltern, die selbst zärtlichen und emotionalen Kontakt als beängstigend empfinden, bekommen ein Kind. Die Mutter erlebt die große Nähe zu ihrem Neugeborenen als unangenehm. Diese Nähe lässt sie einerseits ahnen, was ihr in ihrem Leben früher gefehlt hat und was sie selbst eigentlich braucht. Andererseits lässt sie sie überfordert und ablehnend auf die körperliche Bedürftigkeit ihres Kindes reagieren. Diese Prozesse vollziehen sich nicht im vollen

Bewusstsein, sie drücken sich in unterschwelligen Spannungen oder in der Angst zu versagen aus.

Da sich jedoch diese Mutter sehnlichst ein Kind gewünscht hat und sich gerne als gute, liebende Mutter erleben möchte, drückt sie ihre Liebe in einer sehr guten materiellen Versorgung ihres Babys aus. Das fällt ihr leicht und bedeutet für sie zu lieben. Das Kind liegt in einem schön und liebevoll gestalteten Raum, wird in seinen körperlichen Bedürfnissen bestens versorgt, ist hübsch gekleidet und hat von allem das Beste.

Auf die verschiedenen Signale des Kindes antwortet die Mutter mit Versorgungsangeboten, aber nicht mit Nähe. Wenn das Kind trotz guter Versorgung, sprich trockener Windel, Bad und richtiger Nahrung, immer noch weint, reagiert die Mutter hilflos-ablehnend oder hilfloszornig. Unfähig, das Schreien richtig zu interpretieren, quält sie sich mit Schuldgefühlen, weil sie, die eine gute Mutter sein möchte, dieses Schreien nicht abstellen kann. Andererseits wirft sie dem Kind vor, dass etwas mit ihm nicht in Ordnung ist, dass es ein schwieriges Kind ist.

Der Säugling ist mittlerweile durch den ständigen Mangel an Körperkontakt nervös und unruhig, weint viel und schläft schlecht. Er nimmt kaum an Gewicht zu und erbricht. Das sind seine Möglichkeiten, vegetativ anzudeuten, was ihm fehlt, nämlich eine emotional-körperliche »Nahrung«.

Diesem Kind vermittelt sich eine Welt, in der materielle Bedürfnisse befriedigt werden, emotionale Bedürfnisse jedoch nicht. Es ist dies, wie gesagt, keine bewusste Interpretation des elterlichen Verhaltens, sondern seine intuitiv begriffene Wahrheit über das Leben und die Welt.

Es bleibt in ihm eine halb bewusste, stets nagende Sehnsucht. Sie ist nicht klar zu orten, gibt aber ihre Impulse in Form von Unzufriedenheit oder Mangelgefühlen. Das Kind wird im Laufe der Zeit erlernen, diese Signale als ein Verlangen nach materieller Versorgung zu interpretieren. Das Gefühl des Mangels und der Unzufriedenheit wird jedoch als eine aktive Kraft sein weiteres Leben beherrschen.

Die Eltern, unfähig, dies alles zu erkennen, geschweige denn zu befriedigen, halten dann dem Heranwachsenden als Antwort auf dieses innere Drängen vielleicht den Satz vor: »Was willst du denn, du hast doch alles! Wir würden alles für dich tun!« Diese Behauptung der Eltern würde aus ihrer Sicht und entsprechend ihren Möglichkeiten auch der Wahrheit entsprechen. Außerstande, ihre eigenen emotionalen und körperlichen Bedürfnisse wirklich zu befriedigen, können sie die Bedürfnisse ihres Kindes nach körperlicher und emotionaler Geborgenheit nicht erkennen und auch nicht adäquat beantworten.

Wir können diesen Eltern keine böse Absicht oder schuldhaftes Verhalten unterstellen, sie haben tatsächlich ihr Kind so geliebt, wie sie sich selbst lieben. Aber was geschieht mit dieser unterschwellig stets drängenden Stimme im Kind und später Jugendlichen, die Befriedigung fordert?

Der Jugendliche fühlt in sich selbst keine Möglichkeiten, etwas an diesem Zustand zu ändern, er wird wahrscheinlich nicht einmal die eigentlichen Informationen dieser Stimme erkennen können. Vermutlich wird er beginnen, sich mit der elterlichen Bewertung, dass er eben mit nichts zufrieden zu stellen sei, zu identifizieren. Er wird denken, mit ihm sei etwas nicht in Ordnung, weil er ständig diese Unzufriedenheit in sich spürt. Er wird ihr wahrscheinlich innerhalb seiner familiär erlernten Lösungsmöglichkeiten begegnen: materieller Konsum, Nahrung, Drogen, Alkohol oder sonstige Ersatzstoffe. Da aber die zugrunde liegenden Ursachen nicht berücksichtigt wurden, kann es zu keiner wirklichen Befriedigung kommen, sondern immer nur zur kurzfristigen Ruhigstellung dieser inneren Stimme.

Alle Selbstheilungsversuche dieses Menschen über Ersatzstoffe haben langfristig keine Aussicht auf Erfolg.

Diese Person wird irgendwann, meist während des Erwachsenwerdens, zu der Erkenntnis gelangen, dass ihre eigenen Fähigkeiten, diesem inneren nagenden Gefühl Rechnung zu tragen, nicht genügen, ja dass sie versagt hat. Daraus erwachsen Selbstzweifel und Selbstentwertung. Der junge Mensch wird sich in zunehmenden Maße einerseits als ein Opfer dieser »unmäßig fordernden« Stimme im Inneren fühlen und andererseits beginnen, die Lösungsmöglichkeiten nach außen zu verlagern. Er wird beginnen, sich als ein Opfer seiner sozialen Umgebung, des Staates, der Schule, vielleicht sogar Gottes zu sehen. Die anderen, so glaubt er, hätten die Macht, die für ihn spürbaren Defizite zu beheben.

Lösungsmöglichkeiten werden nach außen verlagert

Wie kommt es zu dieser »Nach-außen-Verlagerung«, dem Glauben, andere Menschen seien dazu befähigt oder sogar verpflichtet, Defiziten im eigenen Inneren abzuhelfen?

Wieder ist es notwendig, mit den Augen des Kindes zu sehen. Auf magische Weise scheinen die Eltern die Bedürfnisse des Kindes zu erkennen. Sie erscheinen ihm allmächtig in ihrer Fähigkeit, Bedürfnisse zu befriedigen, Schmerz zu stillen, Glück zu bringen oder das Gegenteil von alledem. Ob diese Bedürfnisse genügend gut befriedigt werden, hängt, wie bereits ausgeführt, davon ab, ob die Eltern ihre eigenen inneren Bedürfnisse erkennen, sich darin annehmen und sich den Raum geben können, sie auch zu erfüllen.

Das hohe Maß an bewusster Selbstwahrnehmung und Disziplin, welches es erfordern würde, diese Aufgabe erfolgreich zu bewältigen, macht es verständlich, dass Eltern trotz bestem Willen und aufrichtiger Liebe ihren Kindern gegenüber oft nicht in der Lage sind, ihnen zu geben, was sie wirklich brauchen.

Die Wahrheit über Rick und Elsa

Das ändert nichts daran, dass der Säugling, da er seine eigenen inneren Bedürfnisse noch nicht bewerten oder abspalten kann, die Eltern mit dem konfrontiert, was sie sich selbst vorenthalten. So begegnen wir einerseits der Unschuld und Direktheit des Kleinkindes, mit denen es seine Bedürfnisse ausdrückt, andererseits den Bewertungen und Ängsten der Erwachsenen und ihrer körperlichen und intellektuellen Überlegenheit, mit denen sie auf die Bedürfnisse des Kindes eingehen – oder eben nicht.

So kann in der Erfahrung des Kindes auf schmerzhafte Erlebnisse mal tröstende Nähe, mal Schmerz verstärkende Zurückweisung folgen. Oder ein Kontaktwunsch des Kindes kann mal freudige Erwiderung, mal Ablehnung nach sich ziehen. Wie soll das Kind diese Logik verstehen und vor allem voraussehen können?

Das Kind ist damit ein vollkommenes »Opfer« der elterlichen Autorität und des elterlichen Gesetzes. Es bewertet nicht, sondern ordnet sich ihm, abgesehen von Trotzphasen, widerspruchslos unter. Verletzungen verzeiht es lange Zeit mit der naturgegebenen Kraft des Kindes zur bedingungslosen Liebe und seiner unendlichen Bereitschaft zu verzeihen.

So kann der Erwachsene, der diese Fähigkeiten nicht mehr in dieser Form verfügbar hat, zu der gefährlichen Schlussfolgerung kommen, Kinder vergäßen schnell. Sie vergessen jedoch nicht, sondern bilden sich aus der Gesamtheit der gemachten Erfahrungen ihr eigenes intuitives Weltbild und ein Wissen über die Gesetze, welche die Welt bestimmen.

Da die Eltern viele Bedürfnisse erkennen und liebevoll befriedigen, manchmal aber auch auf die gleichen Bedürfnisse mit Zurückweisung reagieren, glaubt das Kind, die Eltern hätten die Macht, wenn sie nur wollten, *alle* seine Bedürfnisse zu befriedigen. Das Kind erlebt in seinen Eltern eine übergeordnete Macht, die alles gewähren oder zurückweisen kann. Von da aus ist es nur ein kleiner Schritt zur kindlichen Überlegung »Wenn sie mich liebten, dann könnten und würden sie mir das geben« und ein weiterer kleiner Schritt zur Meinung »Eigentlich steht es mir zu, und sie hätten es mir geben müssen«. Aus einer Möglichkeit wurde eine unterschwellige Forderung.

Das erklärt, warum so viele längst erwachsene Menschen sich damit beschäftigen, wie viel die Eltern ihnen heute noch schulden und wie viel sie ihnen in der Kindheit vorenthalten haben.

Dieses halb bewusste Bild einer größeren Macht, die mir etwas vorenthält, obwohl sie auf einfachste Weise dafür sorgen könnte, dass es mir gut geht, wird auf vielerlei

Ebenen des Erwachsenenlebens übertragen auf die Ehe, die Gesellschaft, den Arbeitgeber. Diese Ebenen und viele mehr können als »größere Mächte« empfunden werden.

In diesem Zusammenhang scheint auch ein Blick auf den christlichen »Gottvater« angebracht, den viele, je nach ihren eigenen Vatererfahrungen, mal als gütigen, mal als strafenden Herren interpretieren, der unerklärlicherweise manche Menschen in Not leidenden Gebieten leben lässt, andere in materieller Fülle, manche mit allen Vorzügen und Qualitäten ausrüstet, während andere leer ausgehen. Aus dieser Sicht erscheint die Welt ungerecht und uneinschätzbar. In ihr gilt das Gesetz des Stärkeren und Überlegenen, und es ist wichtig, nicht auf der Seite der Schwachen und Armen, der Opfer zu sein.

Sicherlich geht diese Interpretation vollkommen an der Essenz Gottes und des Lebens vorbei, ist aber dennoch weit verbreitet und ein Ausdruck unserer Projektionen und Opfergefühle.

Übungsteil

Haben Sie in einem oder mehreren Bereichen Ihres Lebens heimliche oder offene Vorwürfe gegen Ihre Eltern und glauben Sie, durch das Verhalten Ihrer Eltern hätten Sie schlechtere Möglichkeiten als andere?

➤ Wenn ja: Um welche Bereiche handelt es sich?
➤ Wer glauben Sie zu sein, hätten Ihre Eltern anders gehandelt?

Haben Sie an andere Menschen den Anspruch oder die Erwartung, sie sollten besser für Sie sorgen oder durch ihr Verhalten bessere Lebensumstände für Sie schaffen?

Wie stehen Sie diesbezüglich zu:

➤ Ihren Eltern?
➤ Ihrem/r Partner/in?
➤ Ihrem/r Chef/in?
➤ Ihren Freunden/Freundinnen?
➤ der Gesellschaft, dem Staat?
➤ Gott?

Machen Sie sich Notizen und erlauben Sie sich vollkommene Offenheit sich selbst gegenüber.

Von der Erfahrung zur Einstellung

Im letzten Kapitel wurde dargestellt, wie sich das Kind auf einer inneren intuitiven Ebene ein Weltbild erschafft, das aus den Erfahrungen im Umgang mit Vater und Mutter gebildet ist. Wir sprachen über die Unfähigkeit des Säuglings, zwischen dem Verhalten beispielsweise der Mutter und seiner eigenen Einstellung zur »Welt« zu unterscheiden. Alle in dieser Zeit gesammelten Erfahrungen werden automatisch ins spätere Leben übertragen, sie bilden später unser subjektives Weltbild. Dieses setzt sich zusammen aus der Gesamtheit unserer Erfahrungen mit den männlichen, weiblichen und kindlichen Anteilen unserer Eltern und sonstiger früher Bezugspersonen, unserer Interpretation derselben und den Erfahrungen, die wir später durch bewusste Wahlen herbeigeführt haben.

Das Weltbild – eine schützende Sicherheitszone

Unser Weltbild, eine Reflexion des Selbstbildes, gibt den begrenzenden Rahmen ab, innerhalb dessen wir uns heimisch fühlen, in dem wir uns ungefährdet bewegen können und über dessen Inhalte wir uns identifizieren. Die darin enthaltenen Informationen können konstruktiver oder destruktiver Art sein. Sie sind der Nährboden unserer Bewertungen, unserer Gefühle und aller unserer vorgenommenen Identifikationen, die sowohl lebensbejahend als auch lebensverneinend ausfallen können. Im Extremfall kann sich uns die Welt als ein emotional kalter, freudloser und geistig armer oder als ein sicherer, lustvoller und geistig inspirierender Platz darstellen. Dazwischen liegen alle Möglichkeiten, die unser individuelles Sein ausmachen.

Es handelt sich bei diesem oben genannten Rahmen um eine regelrechte Sicherheitszone, innerhalb derer wir uns gefahrlos bewegen können. Verlassen wir sie, weil wir Neues erproben wollen, sind wir zwar verunsichert, aber auch mit einem belebenden, stimulierenden Reiz in Kontakt. Verharren wir in ihr, erstarren wir mehr und mehr in Bekanntem, Gewohntem, bis wir meinen, neuer Erfahrung nicht mehr gerecht werden zu können – das ist das Ende unseres inneren Wachstums. Dann versuchen wir alles Neue zu meiden. Da aber das Leben auch immer Bewegung, Evolution bedeutet, tritt das Neue oft in Form von Konfrontationen in unser Leben, denen wir nicht mehr ausweichen können. Beispiele hierfür sind Krankheit, Tod, berufliche Veränderungen oder andere, scheinbar von außen auf uns einwirkende Krisen.

Den Automatismus durchbrechen

Nur durch bewusste mentale Anstrengung und Umprogrammierung sowie durch die Bereitschaft, neue Erfahrungen zuzulassen, können wir den eingeschliffenen Automatismus in unserem bestehenden Weltbild durchbrechen. Entscheiden wir uns, dies *nicht* zu tun, wird unser Unbewusstes den bereits vorhandenen, den bewährten Weg wählen, also das Bekannte reproduzieren.

In manchen Situationen dringt dieser Mechanismus in den bewussten Wahrnehmungsbereich. Dann fragen wir uns, warum wir uns jetzt schon wieder auf diese oder jene Weise verhalten haben, obwohl wir uns doch schon so oft vorgenommen haben, beim nächsten Mal anders zu handeln. Es fühlt sich dann so an, als folgten wir einer inneren Notwendigkeit, auf die wir keinen gestaltenden Einfluss haben.

Für eine Person, die sich neue Handlungsfreiheit erarbeiten will, ist es wichtig zu unterscheiden:

- Habe ich eine Erfahrung gemacht und durch die in ihr enthaltenen Informationen gelernt oder
- habe ich mich mit der Erfahrung identifiziert und sie zu einem gestaltenden Teil meines Weltbildes gemacht?

Erfahrungen werden durch Identifikation und Affirmation gefestigt

Wir neigen dazu, uns mit den aus unseren Erfahrungen gezogenen Schlussfolgerungen zu identifizieren, mit den angenehmen wie mit den schmerzhaften. Und wir neigen vor allem dazu, uns durch die Schlussfolgerungen aus schmerzhaften Erfahrungen und den daraus entstehenden Identifikationen als bestraft zu erleben. Ein ganzes Konzept von Funktionsstörungen und Selbstbewertungen wird davon in der Folge aufgebaut. Dann ist aus einer Erfahrung eine sich über Selbstbegrenzung ausdrückende Lebenseinstellung geworden. Sie wird sich mehr und mehr verselbstständigen und im Leben tägliche Bestätigung erfahren.

Wir begegnen hier der Kraft von Affirmationen, die sich in selbsterfüllenden Prophezeiungen zeigt.

Affirmation bedeutet Bejahung, Zustimmung oder Bekräftigung und versieht unsere bewusst oder unbewusst vorgenommenen Lebenseinstellungen mit Kraft. Es ist eine neutrale Kraft, die stets der Richtung folgt, in der sie verwendet wird, gleichgültig, ob sie aufbauend oder zerstörerisch genutzt wird. Unsere täglichen Affirmationen drücken unsere vorhandenen aktiven Einstellungen aus – aktiv im Sinne einer täglich unser Leben beeinflussenden und gestaltenden Kraft. Wir erkennen sie, wenn wir in unserer Wortwahl oder unseren Gedanken auf Sätze achten, die »ich habe« oder »ich bin« enthalten. Affirmationen stärken vorhandene Glaubenssätze, egal, ob erwünscht oder unerwünscht, und helfen uns neue zu entwickeln.

Aufbauend wirkt eine bewusst eingesetzte Affirmation beispielsweise vor einer Prüfung mit dem festen Vorsatz »Ich will und werde diese Prüfung bestehen«. Diese Affirmation verleiht Kraft und bestärkt das Vertrauen in unsere eigenen Fähigkeiten. Sie unterstützt uns, unsere Ziele im Auge zu behalten und zu erreichen.

Zerstörerisch wirkende Affirmationen finden wir in Sätzen wie »Ich bin nicht liebenswert«, »Ich bin erfolglos«, »Ich habe kein Glück im Leben«, »Ich bin krank« oder in anderen Sätzen, die unser mangelndes Vertrauen in uns signalisieren.

Sobald wir Aussagen über uns treffen, die die Wortwahl »ich habe«, »ich bin«, »ich will« oder »ich kann« enthalten, bekräftigen wir eine unserer vorgenommenen Identifikationen. Leider schenken wir dieser Tatsache zu wenig Aufmerksamkeit. Und uns entgeht deswegen häufig, welche Haltung wir gerade verstärken. Wenn wir lernen, unserer Kommunikation, unabhängig davon, ob mit einem Gegenüber oder im Selbstgespräch, bewusster zuzuhören, werden wir bald mehr über unsere lebensgestaltenden Einstellungen wahrnehmen.

In diesem Sinne sind Affirmationen das Mittel, mit dem wir täglich unsere Sicherheitszone oder unser Weltbild neu erschaffen oder bestätigen. Sie aktivieren und festigen innere Glaubenssätze und die daraus resultierenden Einstellungen, einerlei, ob wir deren Wirkung in unserem Leben gutheißen oder nicht.

Gleiches zieht Gleiches an

Ein Naturgesetz besagt: »Gleiches zieht Gleiches an.« Naturgesetze sind Regeln, die unser Leben bestimmen. So wie die Schwerkraft keine Unterscheidung trifft zwischen einer kostbaren Ming-Vase und einer billigen Vase aus dem

Supermarkt, sondern beide, ungeachtet ihres Wertes, zu Boden fallen lässt, so wirken auch die Naturgesetze in unserem Leben als nicht manipulierbare Kräfte.

Das Naturgesetz »Gleiches zieht Gleiches an« wirkt in unserem Sinne folgendermaßen: Sind wir lebensverneinend eingestellt, zieht diese Einstellung in unserem Umfeld verstärkt Erfahrungen und Menschen an, die unsere Selbstverneinung bekräftigen. Wir werden vermutlich Menschen anziehen, die uns lieblos begegnen. Darauf wiederum werden wir mit unseren erlernten Lösungsversuchen reagieren, die keine Lösung der Ursachen bewirken, sondern lediglich den Schmerz erträglich halten und gleichzeitig die vorhandene Einstellung verstärken.

Treffen wir bei anderen Menschen auf Liebe und Anerkennung, wird sich bei uns voraussichtlich bald Misstrauen einstellen: Wir könnten meinen, sie wollten uns manipulieren oder hätten einen anderen egoistischen Grund, um uns scheinbar so wohlwollend zu begegnen. Vielleicht haben sie uns einfach noch nicht genügend kennen gelernt ...

So paradox es klingen mag: Wir werden uns innerhalb der Sicherheitszone des Bekannten, nämlich dem Ungeliebtsein, besser bewegen können und uns vielleicht sogar wohler fühlen als in der Unsicherheit des Geliebtseins.

Wenn da nicht andererseits diese nagende Sehnsucht wäre ...

Was ist eine Erfahrung?

Eine Erfahrung bedeutet, Informationen über mich selbst, über andere Personen oder die Welt insgesamt zu sammeln. Diese Informationen können etwas mit mir zu tun haben, müssen es aber nicht.

Wenn ich zum Beispiel unter einer Grippe leide, identifiziere ich mich nicht mit ihr, weil meine Erfahrung mir sagt, dass eine Grippe maximal drei Wochen dauert und nicht dauerhaft in meinem Leben bleibt. Ich erfahre Fieber, Müdigkeit, Gliederschmerzen und all die anderen Symptome einer Grippe als etwas Unangenehmes, dessen Einfluss ich für kurze Zeit ausgesetzt bin. Die Krankheit kontrolliert aber nicht mein Leben und ist kein beständiger Teil von mir.

Was ist eine Einstellung?

Eine Einstellung ist mehr: Sie ist eine Erfahrung, mit der ich mich identifiziert habe, die ich als eine bestimmende Kraft in meinem Leben anerkenne und die sehr wahrscheinlich in den Zuständigkeitsbereich meiner halb bewussten bis unbewussten Wahrnehmung gerutscht ist.

Wir leiden ausschließlich unter schmerzhaften, selbstbegrenzenden und lebensverneinenden Einstellungen, die nicht in Übereinstimmung mit unserem Höheren Selbst sind. Von den lebensbejahenden Einstellungen profitieren wir dagegen ausschließlich. Beiden Formen ist die Wirkung zu Eigen, gleichartige Erfahrungen anzuziehen und dadurch das vorhandene Energiefeld zu verstärken. Außerdem werden sie Erfahrungen anderer Art ignorieren, verleugnen, fehlinterpretieren oder so verdrehen, dass sie innerhalb der Selbstwahrnehmung keinen Platz bekommen können.

Gerade den unangenehmen, selbstbegrenzenden Einstellungen wähnen wir uns oft hilflos ausgeliefert. Wir sehen nicht, wie wir sie durch unsere täglichen Affirmationen festigen und ihnen Stärke geben. Wir halten uns für ihr Opfer und glauben, unsere eigenen Kräfte genügten nicht, um diesen Zustand zu verändern. Eine höhere Ordnung müsse vielmehr die Lösung bringen – ein gefährlicher Trugschluss, denn wirkliche Lösungen für innere Prozesse können immer nur von innen kommen.

Wenn wir uns selbst beispielsweise für liebenswert halten, werden wir auch von außen Liebe anziehen. Es ist uns verständlich, dass uns andere Menschen lieben können, und so erfahren wir Liebe, können sie vor allem erkennen und annehmen, wenn sie in unser Leben tritt.

Belastet uns aber die Vorstellung, nicht liebenswert zu sein, verstärkt durch unsere täglichen Gedanken und Worte über uns, werden wir misstrauisch und skeptisch reagieren, wenn uns jemand liebevoll entgegentritt. Wir werden diesem Menschen Manipulation oder andere schlechte Absichten unterstellen. Sobald wir dann unsere Selbstzweifel an seinem Verhalten festmachen können, stimmt unser Weltbild wieder. Einem Partner, der objektiv liebevoll an uns herantritt, werden wir also nicht vertrauen, und deswegen können wir diese Beziehung auch nicht dauerhaft halten.

Unsere Einstellungen zu uns selbst werden uns so lange hindern, etwas anderes als Lieblosigkeit für beständig in unserem Leben zu halten, bis wir uns auf den zwar langwierigen, aber äußerst lohnenden Weg machen, Eigenliebe zu erlernen – und damit auch unsere Einstellung zu verändern.

Wenn wir unsere Lebenserfahrungen bewusst überprüfen, können wir herausfinden, aus welchen Erfahrungen wir Einstellungen oder innere Haltungen bilden wollen, deren Wirksamkeit wir als eine lebensgestaltende Kraft täglich in uns spüren. Unsere Aufgabe wird es sein, unsere Einstellungen zu uns so zu verändern, dass sie lebensbejahend und dadurch für uns förderlich werden.

Übungsteil

Welche Einstellungen können Sie bei sich erkennen?

Beschreiben Sie sich durch jeweils fünf Aussagen, die die Wortwahl »ich habe«, »ich bin«, »ich kann«, »ich will« oder deren Verneinung enthalten. Konzentrieren Sie sich auf die folgenden Themenkreise:

➤ Beziehungen zum eigenen Körper
➤ Beziehung zur eigenen Gefühlswelt
➤ Beziehung zur eigenen Fähigkeit zu denken, zu analysieren oder Zusammenhänge zu erkennen
➤ Beziehung zum sozialen Umfeld, auch zum gewählten Partner, zur gewählten Partnerin
➤ Beziehung zum gewählten Beruf oder derzeitigen Tätigkeitsfeld

Lebensaspekte, die die Ausbildung von Opfergefühlen besonders fördern

Ich habe in den vorangegangenen Kapiteln ausgeführt, dass, um Opfergefühle zu entwickeln, die betroffene Person sich quasi einer höheren Macht ausgeliefert fühlen muss, ohne in sich Möglichkeiten der Veränderung oder der Einflussnahme zu sehen. Selbst wenn keine bewusste Wahrnehmung von sich selbst als einem Menschen mit Opfergefühlen vorliegt, spiegelt sich im Ausdruck der Betroffenen die Thematik.

Es gibt bestimmte Lebensaspekte, die die Entwicklung von Opfergefühlen besonders fördern.

Physische und emotionale Gewalt

Zunächst möchte ich physische und emotionale Gewalt als Ursache nennen. Je länger Menschen diesen Einflüssen ausgeliefert und je hoffnungsloser ihre Möglichkeiten des Widerstands sind, umso stärker werden sie Opfergefühle entwickeln. Dies gilt, wie schon ausgeführt, sowohl innerhalb der Familie als auch in Ländern, die von Kriegen oder Diktaturen beherrscht sind.

Mentale Indoktrination

Mentale Indoktrination kann sich als eine weitere Form der Gewalt erweisen, sie umfasst weite Bereiche des menschlichen Seins. Von politischer oder religiöser Indoktrination ist zu sprechen, wenn das Recht des Menschen auf freien Willen oder auf freie Meinungsäußerung nicht geachtet oder sogar verfolgt wird. Wer auf diesen Rechten besteht, wird in solchen Systemen zum geächteten Außenseiter und kann in dramatischeren Fällen gar in Lebensgefahr geraten. Dies sind Kennzeichen aller politischen Gewaltherrschaften, aber auch aller radikalen religiösen Gemeinschaften.

Die Opfer physischer, emotionaler oder mentaler Gewalt müssen jedoch nicht notwendigerweise Opfergefühle entwickeln oder sich mit ihnen dauerhaft identifizieren.

Die bisher aufgeführten Aspekte verbindet ein klares Täter-Opfer-Schema. Die davon Betroffenen erkennen sich über kurz oder lang als Opfer und reagieren abgrenzend auf den »Feind« im Außen: Ein äußerer Feind ist relativ einfach zu erkennen, die Quelle der Gewalt oder Gefahr ist leichter auszuloten, um dann abgrenzend, kämpfend oder flüchtend darauf zu reagieren.

Der schleichende Einflüsterer

Schwieriger wird dies, wenn der »Feind« internalisiert wird, sich also in unserem Inneren verbirgt. Dieser Prozess wird in der blumigen Sprache des Korans als der »schleichende Einflüsterer« beschrieben.

Wir begegnen hier einer weiteren Form mentaler Indoktrination. Sie verläuft unauffällig, wird oft nicht als das erkannt, was sie ist, sodass wir uns ihrer nicht bewusst werden und sie nicht hinterfragen. Wir halten ihren Inhalt für unsere innere Überzeugung, unsere eigene Meinung.

In dieser Form mentaler Indoktrination verstecken sich weit verbreitete Denkweisen und Verallgemeinerungen, die wir unreflektiert übernommen, dann als die eigenen akzeptiert und mit denen wir uns schließlich identifiziert haben, obwohl sie für uns nicht nutzbringend sind. Da deren Inhalte weite Bereiche unseres Handelns bestimmen, fühlen wir uns ihnen ausgeliefert und somit als ihr Opfer. Wir wollen diesen Denkweisen in unserem tiefsten Inneren nicht nachkommen, da ihre Befolgung bedeuten würde, eigene Bewusstseinsinhalte zu verraten. Gleichzeitig sind wir aufgrund unserer vorgenommenen Identifikationen bemüht, ihnen zu entsprechen – ein Dilemma mit ungeheuren Folgen für unser Selbstwertgefühl!

In den folgenden Kapiteln möchte ich meine Aufmerksamkeit vor allem auf diesen Bereich richten. Subtile mentale Indoktrination ist für uns nicht einfach zu erkennen, denn der »Feind« lauert im Innen. Sie erscheint im Gewand plausibler und angenehmer Verführung, sie wirkt smart und gängig und scheint die Zugehörigkeit zur Gemeinschaft zu versprechen.

Die Macht der Stammesgesetze

Caroline Myss bezeichnet in ihrem Buch *Chakren – die sieben Zentren von Kraft und Heilung* diese Form der Indoktrination als Stammesmacht. Diese, so führt sie aus, gibt die sozialen und ethischen Normen vor, nach denen Gemeinschaften zusammenleben. In ihnen treffen wir die Grundlage zu den traditionellen Überzeugungen unserer Familie an, die wiederum unsere Identität bestimmen und durch die wir uns als Teil der Gemeinschaft erleben. Als Basis der Identitätsfindung bilden sie unsere Sicherheitszonen im größeren Verband.

Andersartigkeit, Abweichungen und Zuwiderhandlungen werden mit Ächtung und Ausschluss sanktioniert. Das Recht auf Wert und Würde der Betroffenen wird in diesen Fällen in Frage gestellt.

Die Befolgung oder Anpassung an das Stammesgesetz hingegen verspricht innerhalb der Gemeinschaft Zugehörigkeit, sozialen Status, Würde und Ehre.

Ein gutes Beispiel hierfür ist die soziale Ächtung von ledigen Müttern, die noch in den 50er-Jahren bei uns generell üblich war. Oder betrachten wir »Andersgläubige«. Sie werden, wenn nicht einer großen Religionsgemeinschaft zugehörig, schnell und ohne nachzudenken als »Spinner« oder als Sektenmitglieder abgestempelt und ausgeschlossen. Auch die nach wie vor vorhandenen Berührungsängste zwischen Menschen unterschiedlicher Hautfarbe sind Ausdruck der Stammesüberzeugungen.

In der westlichen Welt gilt die Stammesüberzeugung, finanzieller Reichtum, körperliche Jugend und Schönheit mache glücklich und sei Zeichen von Stärke und Erfolg. Viele Menschen verschulden sich deshalb, um durch die materiellen Attribute von Wohlstand die erstrebte Anerkennung zu erhalten.

Die Stammesüberzeugungen, so hat Caroline Myss herausgefunden, haben wesentlichen Einfluss auf unser Immunsystem, das auf der körperlichen Ebene eine sichernde Barriere – eine Sicherheitszone – gegen unwillkommene Eindringlinge bildet.

Glauben wir einige der erwünschten Überzeugungen unser Eigen nennen zu können, fühlen wir uns stark, mächtig und zugehörig. Befürchten wir dagegen, den Anforderungen der Stammesregeln nicht zu entsprechen, weil wir meinen, zu arm, zu alt, zu unattraktiv zu sein, das falsche Geschlecht, den schlechter bezahlten Beruf, ein unpassendes Outfit zu haben, fühlen wir uns schwach und weniger wert. Wir entwickeln ein schlechtes Selbstwertgefühl – Ich-Schwäche.

Oft erweisen sich die Regeln der Stammesmacht für Einzelne wachstumshindernd und einengend, ja sogar krankheitsauslösend. Dennoch versuchen wir ihnen zu entsprechen, denn wir befürchten, nicht über die persönliche Macht zu verfügen, unabhängig und frei zu handeln.

Begrenzende Stammesvorstellungen treffen wir immer dann an, wenn

- keine Akzeptanz und Anerkennung für Andersartigkeit und individuellen Ausdruck anzutreffen sind,
- wir uns mit inneren oder äußeren Gegensätzen konfrontiert sehen und meinen, uns für eine Seite entscheiden zu müssen,
- wir Bewertungen unreflektiert übernommen haben.

Besonders viel Macht üben folgende Bereiche auf uns aus, die sich damit auch optimal zur Bildung von Opfergefühlen eignen:

- Gut und Böse als Grundlage sämtlicher Bewertungen
- Scham- und Schuldgefühle, negative Selbstbewertung
- Rollenklischees bezüglich weiblichen und männlichen Seins
- Geben und Nehmen als Gegensatzpaar

Übungsteil

Skizzieren Sie die Erwartungen, die Ihr Familienverband und Ihr soziales Umfeld an die dazugehörigen Personen richten.

Wie hoch schätzen Sie die Toleranzschwelle Ihres Familiensystems für »Andersartigkeit« ein?

Gibt es in Ihrer Familie eine oder mehrere Personen, die sich diesbezüglich »schuldig« gemacht haben und die in der Folge in irgendeiner Weise ausgeschlossen wurden?

➤ Wenn ja, wie wurde dies begründet?
➤ Haben Sie selbst schon einmal das Gefühl gehabt, ausgeschlossen zu werden?
➤ Wenn ja, was war Ihrer Meinung nach der Grund?

Welche Erwartungen sollten gemäß Ihres Familiensystems Männer, welche sollten Frauen erfüllen?

Welche Bedeutung wird in Ihrem Familiensystem dem Geben, welche dem Nehmen beigemessen?

➤ Gibt es Personen, die eher mehr geben? Wie werden sie geachtet?
➤ Gibt es Personen, die eher mehr nehmen? Wie werden sie geachtet?
➤ Wird eine der beiden Qualitäten als wertvoller empfunden?

Gut und Böse – Licht und Schatten

Das Dilemma des Bewertens

Menschen versuchen seit alters, die sich ihnen darstellende Welt in ein System einzuordnen und sich ein eigenes Weltbild zu erschaffen. Dies geschieht durch Vergleichen und Beurteilen. Dadurch entsteht eine duale Sichtweise, eine Welt der Gegensätze. Die Welt wird dann gut oder böse, friedlich oder kriegerisch, schwarz oder weiß erlebt. Betroffen davon ist nicht nur die äußere Welt, sondern genauso die innere, die Welt unseres Erlebens und Empfindens. Wir unterscheiden in uns gute und schlechte Charakterzüge, sozial anerkannte und sozial zu verheimlichende, förderswürdige und auszumerzende Seiten. Ob eine Beurteilung gut oder böse ergibt, hängt von kulturell-religiösen Einflüssen ab und vom inneren Entwicklungsstand des Einzelnen.

Die Bewertung einer Situation oder einer Handlung basiert vorwiegend auf den allgemein akzeptierten Denkmustern, die scheinbar keiner langen, bewussten Überprüfung bedürfen. Dabei bleiben die Kriterien, nach denen geurteilt wird, dem »Urteilenden« oft verborgen. Selten werden Beurteilungen korrigiert, weil dies erfordern würde, Fehleinschätzungen, also eigene Unvollkommenheit einzugestehen. Lieber wird die Realität etwas verdreht und zurechtgebogen, bis das bereits gebildete Urteil bestätigt wird.

Diese Mechanismen trifft man innerhalb der Psyche des Einzelnen ebenso an wie innerhalb größerer Verbände. Vorschnelle Beurteilungen aufgrund kollektiv geschaffener und akzeptierter Identifikationen, der Stammesüberzeugungen, finden sich überall.

Da sich in jeder menschlichen Handlung ein konstruktiver Aspekt verbirgt, selbst wenn sie bei äußerer Betrachtung rein destruktiv erscheint, stellt sich die Frage: Was ist der konstruktive Zweck des Beurteilens, des Aufspaltens der Welt in Gut und Böse? Und: Warum erscheint es den Menschen so notwendig, alles und jedes in Windeseile zu beurteilen?

Durch die Einordnung in klare Schemata entsteht eine scheinbar gesicherte Welt, die ein fest gefügtes und deswegen zuverlässiges Bild suggeriert. Die Identifikation mit den Regeln der Gemeinschaft verleiht Sicherheit und die Hoffnung, »zugehörig« zu sein. Hier hat die Stammesmacht die wichtige Funktion, ihren Mitgliedern klare Anweisungen zu geben, welches Verhalten erwünscht und welches unerwünscht ist. Außerdem stattet sie den Einzelnen dadurch mit einem »sozialen Gewissen« aus. Die Angst vor Ausschluss wird damit gebannt: Wer »gut« ist, gehört dazu.

Das schwarze Schaf

Sicherheit auf Kosten anderer

Das Denken und Handeln nach dem Stammesgesetz erfordert es, sich einen äußeren Feind zu schaffen, gegen den es sich gegebenenfalls zu wehren, auf jeden Fall aber abzugrenzen gilt.

In den meisten Familien gibt es, wenn nicht im engsten Umkreis, so doch in der weiteren Verwandtschaft das so genannte schwarze Schaf: Menschen, die andere Lebensentscheidungen getroffen haben, als es im Familienverband üblich ist. Sie folgen anderen ethisch-moralischen Vorstellungen, wenigstens für eine gewisse Zeit. Diesen schwarzen Schafen droht die Ächtung und damit der Ausschluss aus dem System. Auf Familienzusammenkünften wird beispielsweise die abwesende Person verurteilt, meist ohne deren Sichtweise näher zu kennen, und alle Anwesenden sind sich einig, selbst gut und rechtschaffen zu sein. Würde man diesen »guten« Menschen aufzeigen, dass sie durch ihr Verhalten ein Mitglied ihrer Gemeinschaft ausschließen, würden sie es je nach Situation heftig leugnen (denn jemanden auszuschließen ist ja schließlich »schlecht«) oder aber als gerechtfertigt darstellen.

Beurteilungen folgen einer inneren moralischen, nicht in Frage gestellten Gewissheit. Basis sind die »interpretierten Interpretationen« der Religions- und Ethikbücher. Auf ihnen bauen alle ethischen Anweisungen und die jeweils landesübliche Gesetzgebung auf. Durch die Identifikation mit diesen ethischen Anweisungen und durch die Selbst-

wahrnehmung des Menschen, wie er glaubt, sie zu befolgen, hält sich der eine für rechtschaffen, der andere für schlecht. Der »Rechtschaffene« hält sich gleichzeitig für berechtigt, auf den anderen herabzusehen, ihn vielleicht sogar zu bestrafen. Der »Schlechte« dagegen leugnet meist sein »Schlechtsein«, indem er sein Verhalten durch Fehler anderer rechtfertigt und sich als deren Opfer fühlt. So entsteht bei beiden ein Gefühl der Sicherheit, denn schlecht und dadurch ausschließenswert sind jeweils die anderen.

Es ist eine interessante Tatsache, dass die Selbstbeurteilung im Kleinen, innerhalb der Person, und im Großen, beispielsweise innerhalb eines Landes, meist idealisiert stattfindet. Zu gerne pflegen wir unsere gute Meinung über uns, wobei wir einige Alibifehler eingestehen, denn unsere gute Meinung über uns erfordert ja auch die Fähigkeit zur Selbstkritik.

Warum sind wir so sehr daran interessiert, fehlerlos zu wirken? Warum verteidigen wir diese Illusion so hartnäckig? Vermutlich müssen wir diesen Wunsch als eine Folge des ständig stattfindenden Be- und Verurteilens begreifen.

Zwei Seelen wohnen, ach, in meiner Brust ...

Wir versuchen die Tatsache zu leugnen, dass unsere Gefühle, Gedanken und Taten sowohl konstruktiv als auch destruktiv sind.

Wir möchten ausschließlich gut sein und unsere christlich geprägte Kultur unterstützt uns darin durch die Vorstellung des Bösen. Da existiert ein Teufel, ein gefallener Engel, der den Menschen auf Abwege führen, ihn zu Bösem verleiten will. Es ist nicht der Mensch selbst, der Böses will, der Mensch ist nur schwach und so hört er auf die Stimme Luzifers. Gott dagegen begegnen wir als einer Kraft, die gut ist. Zu ihm dürfen die Rechtschaffenen nach ihrem Ableben ins Paradies, während die Bösen in die Hölle müssen und dort in der Hitze der ewigen Verdammnis schmoren werden. Und dann gibt es noch die Gnade Gottes. Aber wer hat Anspruch darauf? Die Guten? Diese Gnade scheint die willkürliche Entscheidung eines personifizierten, also menschlichen, launischen, väterlichen Gottes zu sein.

Die Bewertung dessen, was gut und was böse ist, erwächst aus dem Stammesgesetz, wird also kulturell jeweils etwas anders gehandhabt. So kann im Extremfall Mord und Totschlag im Namen Gottes als eine direkte Möglichkeit zum Aufstieg ins Paradies deklariert werden. Und die unentwegte Anhäufung von Geld, die anderen egozentrisch und nutzlos erscheint und für sie vielleicht sogar Elend und Armut nach sich zieht, ist für die »Anhäufer« ein Zeichen von Wert und Erfolg, wenn ab und zu eine Geldspende oder eine andere sozial angesehene Geste gemacht wurde.

Als moralisch gut gilt auch das durch die Erziehung begründete Verharren in einer lieblosen Ehe, selbst wenn alle beteiligten Personen, also auch die Kinder, leiden. Bindungen werden dann aufrechterhalten, aus Angst, sonst böse und egoistisch zu sein, obwohl die Wachstumsmöglichkeiten der Beziehung erschöpft sind. Dieses gequälte Aushalten nährt unsere Opfergefühle, wiegt uns aber in der Hoffnung, gut zu sein und vielleicht vor Gottes strafenden Augen Gnade zu finden.

Gut zu sein erscheint erstrebenswert, böse zu sein verwerflich. Wir versuchen deshalb unsere »verwerflichen« Eigenschaften loszuwerden.

Die Erschaffung der sozialen Maske

Da sich aber Charakterzüge nicht einfach »operativ« entfernen lassen, werden sie mithilfe unserer Abwehrmechanismen in eine gefälligere, akzeptablere Form gebracht. So entsteht ein idealisiertes Selbstbild beziehungsweise eine soziale Maske. Sie soll unwillkommene Informationen nicht ins Bewusstsein dringen lassen und dadurch unsere gute Meinung über uns erhalten. Sie leugnet die Existenz bestimmter eigener Tendenzen wie Wut, erotische Impulse, Neid, Geltungsbedürfnis usw. und schreibt sich stattdessen die von der Stammesmacht als gut deklarierten Eigenschaften und Charakterzüge zu. Wir sind dann zum Beispiel tolerant, großzügig, hilfsbereit und ehrlich – eben gute Menschen.

Unerwünschte Charakterzüge werden dagegen durch Fehler anderer gerechtfertigt, geschönt, auf andere projiziert oder ganz aus dem »inneren Computer« gelöscht beziehungsweise in der Datei »Was nicht sein darf, das gibt es auch nicht« abgespeichert. Sicherer ist es, ganze Wesenszüge zu negieren, als sich so anzuerkennen, wie man ist.

Obwohl das erschaffene idealisierte Selbstbild auf Selbstbetrug basiert, kommt ihm eine wichtige Funktion bei der Aufrechterhaltung der psychischen Gesundheit zu. Es hilft uns, mit einem ausreichend guten Selbstwertgefühl durchs Leben zu kommen. Die soziale Maske ist aber auch

extrem nützlich bei der Manipulation anderer: Sie präsentiert jene Eigenschaften und Haltungen, von denen wir annehmen, dafür geliebt zu werden, dafür Zuwendung zu erfahren und Mitglied eines sozialen Verbandes bleiben zu können. Um eine Desillusionierung über unser idealisiertes Selbst zu vermeiden, tun wir im Alltag vieles, was wir nicht wirklich tun wollen, oder tun vieles nicht, was wir eigentlich gerne tun würden:

Wir sind freundlicher, als wir uns fühlen, lächeln, wenn wir eigentlich zornig sind, sind hilfsbereit, obwohl es uns lästig ist. Wir schlucken unsere Wahrheit hinunter, weil wir sie für unpassend halten, wir zeigen unseren Ärger nicht, weil wir befürchten, nicht geliebt zu werden, wir drücken unsere Freude nicht aus, weil wir befürchten, kindisch zu sein. In jedem Gefühlsbereich gibt es Regungen, die unser idealisiertes Selbst nicht für annehmbar hält.

Wir versuchen unsere soziale Maske ganz zu verkörpern und unsere Mitmenschen und uns selbst von den mit ihr verbundenen Charakterzügen zu überzeugen, bis wir tatsächlich glauben, die ungeliebten Teile in uns gehör-

ten gar nicht zu uns, seien also fremd und damit außerhalb von uns.

Da es unglaubwürdig erscheint, völlig ohne Fehler zu sein, fordert unser idealisiertes Selbstbild so genannte Alibifehler. Sie werden »souverän« mit einem zwinkernden Auge zugegeben und wir rechtfertigen ihre Existenz mit den Fehlern anderer oder vertuschen durch scheinbare Selbstkritik den eigentlichen Schattenaspekt.

Opfergefühle als Folge der sozialen Maske

In dem Maß, in dem wir beginnen, unsere Gefühle in einer sozialen Maske, also als idealisiertes Selbst zu präsentieren, beginnen sie Macht über uns zu bekommen. Das geschieht, weil wir sie nicht mehr als unsere ureigenen Gefühle erkennen, sondern sie mithilfe der Abwehrmechanismen verzerrt haben.

Dies ist vergleichbar mit einem Gegner, zu dem ein direkter Kontakt besteht und dessen Verhalten einschätzbar ist, und einem, der irgendwo, nicht erkennbar, im Dunkeln lauert. Mit dem einen können wir mehr oder weniger gut umgehen, vielleicht verhandeln, kämpfen oder ihm ausweichen. Der andere dagegen wird gefährlich, da sein Verhalten für uns nicht berechenbar ist, wir noch nicht einmal wissen können, ob, und wenn ja, woher ein Angriff erfolgt. Er wird zu einem monströsen Etwas, dem wir uns hoffnungslos ausgeliefert fühlen. Dies ist die Basis eines jeden Opfergefühls.

Ein Beispiel:

In einer Selbsterfahrungsgruppe begegnete ich Judith, die sich als Missbrauchsopfer vorstellte. Sie sprach häufig darüber, dass sie einen weiblichen Weg der Spiritualität beschreite. Sie engagierte sich aktiv in verschiedenen Frauenselbsthilfegruppen und lebte in einer Partnerschaft mit einem Mann. Gemäß ihrer Selbstbeschreibung nahm sie sich als eine sehr liebevolle, spirituelle Frau wahr, die sich für andere Frauen einsetzte und deswegen dem »Vergewaltiger Mann« den Krieg erklärt hatte. Viele der Probleme in der Welt, so sagte sie, seien ausschließlich durch Männer verursacht. Sie verbrachte viel Zeit damit, mich in meiner Wortwahl zu korrigieren, wenn sie den Eindruck hatte, mein verbaler Ausdruck würdige das weibliche Geschlecht nicht genügend.

Sie sprach von ihrem Partner voller Hass und Abwertung, gleichzeitig warf sie ihm vor, er grenze sich nicht von ihr ab und sie fühle sich fremdbestimmt von ihm. Sie erkannte zwar ihren Hass und ihre Verachtung, hatte aber keinerlei Unrechtsbewusstsein, wenn sie diese Gefühle einsetzte, um ihren Partner zu attackieren. Durch ihre eigene Missbrauchserfahrung fühlte sie sich moralisch im Recht, ihrem Hass gegen jedes männliche Wesen freien Ausdruck zu verleihen.

Judith war stolz auf ihre starken Aggressionen, die sie als eine notwendige und berechtigte Abgrenzung gegen männliche Gewalt empfand. Sie hatte keine Wahrnehmung für ihre generalisierende Beurteilung männlicher Personen. Der »Feind« war in ihrem Fall auf »den Mann« projiziert, und sie befürchtete, zusammen mit allen anderen Frauen dieser Welt jederzeit das potenzielle Opfer eines dieser terrorisierenden Ungeheuer werden zu können.

Ihre innere Heilung begann an dem Tag, als sie erkannte, dass es in ihr ebenfalls ein terrorisierendes Ungeheuer gab und sie Männer benutzte, um dessen zerstörerisches Potenzial entladen zu können.

Selbstvergebung als Folge des integrierten Bösen

Wir tun, wie in diesem Beispiel ausgeführt, sehr viel, um uns die Illusion zu erhalten, keinen Schatten zu haben. Dabei verwenden wir keine Zeit darauf, zu überprüfen, ob sich denn in den ungeliebten Persönlichkeitsanteilen nicht auch wichtige Informationen für uns verbergen, die uns in unserer Entwicklung unterstützen könnten. Denn es ist tatsächlich der Schatten, der uns Mensch sein lässt. In Goethes Worten ist er »Ein Teil von jener Kraft, die stets das Böse will und stets das Gute schafft« – die Kraft, durch die wir letztendlich lernen zu lieben.

Erst wenn wir klar erkennen, welcher Handlungen wir fähig sind, kann ein Gefühl von Verständnis für vergleichbare Anteile in anderen wachsen und damit die Basis für wirkliches Mitgefühl entstehen. Denn erst wenn wir mit unserem eigenen potenziellen Mörder, Vergewaltiger, Lügner oder Dieb in Kontakt sind, können wir verstehen, dass es Menschen gibt, die Derartiges nicht nur mental, sondern auch physisch ausführen.

Als Judith erkannte, dass sie selbst ein äußerst aggressives Potenzial in sich trug, begann sie etwas über das Verhalten ihres Vaters zu verstehen. Damit war sie am Anfang eines Prozesses von Vergebung angelangt, aus dem Liebe erwachsen kann.

Negativität lässt uns unsere Wünsche erkennen

Mithilfe der als negativ bewerteten Kraft des Neides beispielsweise können wir oft feststellen, dass wir uns etwas im Leben vorenthalten. Wir sind neidisch, weil wir bei anderen Eigenschaften erkennen oder weil andere bestimmte Beziehungsformen leben, die wir gerne die unseren nennen würden. Nutzen wir unsere Neidgefühle konstruktiv, statt uns ihretwegen abzuwerten und uns mit dem hoffnungslosen Versuch zu beschäftigen, sie zu verbergen, dann werden sie uns inspirieren, uns selbst vergleichbare Ziele zu setzen und uns für diese stark zu machen. Dann haben wir eine negativ bewertete Eigenschaft äußerst konstruktiv als Schlüssel zur Selbstverwirklichung eingesetzt.

In diesem Sinne können wir auch Ärger, Konkurrenz, Eifersucht, Angst, Missgunst, Schadenfreude oder jedes andere »schlechte« Gefühl als Quelle nützlicher und entwicklungsfördernder Information betrachten.

Es ist an der Zeit, der Verlagerung des Schattens nach außen ein Ende zu bereiten und anzuerkennen, dass menschliche Entscheidungen immer sowohl durch ihre Licht- als auch durch ihre Schattenanteile gefärbt sind. Anders ausgedrückt: Licht und Schatten sind *zwei* aktive Kräfte im Menschen. Wir sind sowohl gut als auch böse.

Das Niedere Selbst

Der »Teufel« im Menschen ist als dessen egozentrische, instinkthafte Natur zu begreifen. Sie wird auch als das »Niedere Selbst« im Menschen bezeichnet und wirkt durch die Möglichkeiten der bisher vorgenommenen Identifikationen arterhaltend, individualisierend und isolierend. Fühlen wir uns angegriffen, spüren wir vermutlich den unmittelbaren Impuls zuzuschlagen oder wegzulaufen, also den anderen als Feind zu betrachten. Diese instinktiven Reaktionen treten ohne unser bewusstes Zutun spontan auf. Sie sind notwendig, um den Körper zu schützen und das Gefühl für Individualität zu erhalten.

Das Niedere Selbst ist eine egozentrische Kraft in uns, aus der heraus wir uns als Mittelpunkt der Welt erleben, um den sich alles andere dreht. Durch diese Kraft sind wir fähig, eigene Bedürfnisse zu erkennen und zu befriedigen, notfalls auch gegen die Interessen anderer. So erfüllt sie einen wichtigen Zweck in der Eigenliebe: die Ich-Erfüllung oder die nehmende Liebe.

Das Höhere Selbst

Das Höhere Selbst stellt im Gegensatz zum Niederen Selbst das »Wir« in den Vordergrund, die Wir-Erfüllung. Das Höhere Selbst ist als eine Kraft zu verstehen, die im Menschen vereinigend und aufbauend wirkt, die den menschlichen Wunsch nach Gemeinschaft, nach allen ideellen Werten, nach Entwicklung und innerer Expansion fördert. Ihr Interesse gilt dem Wohle aller Menschen. Wenn Jesus Christus sagt: »Alles, was du deinem Bruder antust, tust du mir an«, bezieht er sich auf diese Kraft, denn bei ihr gibt es keine Trennung zwischen allem Lebendigen.

Im Höheren Selbst steht die gebende Liebe im Vordergrund. Schließen wir uns beispielsweise zu einer Umweltorganisation zusammen, um für die Erhaltung der Natur zu kämpfen, stehen wir in Verbindung mit dieser Kraft. Aus der Betrachtungsweise des Höheren Selbst heraus erleben wir uns zugehörig, als einen Teil eines größeren Ganzen und setzen das durch unser Handeln in die Tat um.

Die Zusammenarbeit zwischen Höherem und Niederem Selbst

Das Niedere und das Höhere Selbst sind zwei nicht zu leugnende Prinzipien, die jede unserer Handlungen und Gedanken bestimmen und ständig gestaltend und reibungsverursachend wirksam sind. Und wie in der Natur zu viel Regen Überschwemmungen verursacht, zu viel Sonne hingegen Dürre, so ist auch eine Balance zwischen Höherem und Niederem Selbst notwendig. Ist diese gegeben, dann sind wir einerseits in der Lage, uns für die eigene Bedürfnisbefriedigung stark zu machen, haben andererseits aber auch den Wunsch, das Gegenüber, die Gemeinschaft zufrieden zu wissen, und setzen uns dafür ein.

Alle Entscheidungen, die großen wie die kleinen, fast unbemerkten, erfordern eine Wahl zwischen diesen beiden

Prinzipien, denn beide verlangen nach Befriedigung. In den kleinen Alltagsentscheidungen nehmen wir gar nicht bewusst wahr, dass wir uns für etwas entschieden haben – wir scheinen nicht vor einer Wahl gestanden zu haben.

Nehmen wir beispielsweise einen kleinen Streit mit einer anderen Person, bei dem beide Partner in Wortwahl und Handlungen verletzend waren. Eine relativ unwichtige Angelegenheit:

Eine der beteiligten Personen pocht auf einen vermeintlichen Rechtsanspruch und verharrt trotzig in ihrer Position. Wenn sie sich durchsetzt, zieht sie daraus vielleicht die (falsche) Schlussfolgerung, absolut im Recht zu sein. Sie bemerkt nicht, dass ihr Gewinn die Niederlage des Gegenübers bedeutet und dass ihr Verhalten ebenfalls verletzend und kränkend war. In der vermutlich heimlichen Freude über ihren Gewinn wird diese Person gar nicht wahrnehmen, dass auch andere Lösungswege möglich gewesen wären, die den Bedürfnissen beider Partner Genüge getan hätten – dass sie eine Wahl gehabt hätten.

Der Schatten

Erst wenn Aspekte der beiden genannten Kräfte, meistens die des Niederen Selbst, als schlecht oder böse bewertet werden, entsteht das, was als Schatten bezeichnet wird. Dann haben wir kein Niederes Selbst mehr, sondern ein »böses« Selbst, das Höhere Selbst hingegen wird zum »guten« oder »liebenden« Selbst. Es ist nur ein kleiner Schritt, aus dem Niederen Selbst ein böses Selbst zu machen – der kleine Schritt des Beurteilens.

In der Folge versuchen wir Eigenschaften zu verbergen, empfinden Scham und Schuld, weil wir sind, was wir sind. Unsere ursprünglich gerechtfertigten Anliegen erfahren jetzt durch die Mittel der Abwehrmechanismen und des idealisierten Selbst eine Verzerrung und kommen in zerstörerischer Weise wieder in unser System hinein. Wir haben einen dunklen, einen nicht erkennbaren Fleck ge-

Höheres und Niederes Selbst

Höheres Selbst, geistiger Pol,
schwingungserhöhend (Liebe),
Gottesprojektion

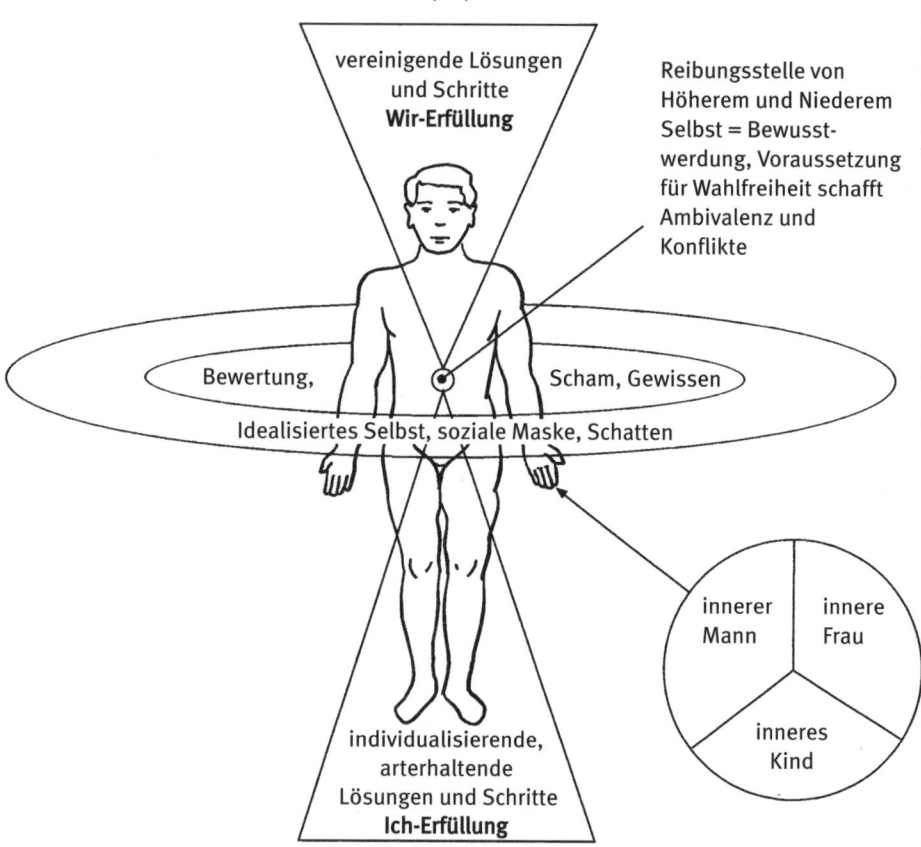

vereinigende Lösungen
und Schritte
Wir-Erfüllung

Reibungsstelle von
Höherem und Niederem
Selbst = Bewusst-
werdung, Voraussetzung
für Wahlfreiheit schafft
Ambivalenz und
Konflikte

Bewertung,   Scham, Gewissen

Idealisiertes Selbst, soziale Maske, Schatten

individualisierende,
arterhaltende
Lösungen und Schritte
Ich-Erfüllung

innerer
Mann

innere
Frau

inneres
Kind

Niederes Selbst, materieller Pol,
schwingungsverdichtend,
Projektion Teufel (ha-satan:
der Gegenspieler)

schaffen: den Schatten. Wir denken dann, es wäre schlecht, für uns zu sorgen, es wäre schlecht, eigene Bedürfnisse zu haben, es wäre schlecht, sich selbst zu lieben.

Die Kunst der Nichtbewertung

Mit dem Höheren und dem Niederen Selbst des Menschen verhält es sich wie mit einem Eisberg. Der größte Teil davon befindet sich unter Wasser, ist also nicht sofort erkennbar. Genauso wenig, wie wir unsere wahre Größe erkennen können, genauso wenig sind wir in Kontakt mit der Tiefe unserer Egozentrik. Beide Pole wahrzunehmen bedeutet zunächst einmal, nicht alles sofort durch unsere Bewertungsmaschinerie laufen zu lassen. Qualitäten, die auf den ersten Blick gut erscheinen, müssen nicht unbedingt gut sein, so wie scheinbar böses Verhalten nicht unbedingt böse sein muss.

Am schwierigsten ist es, die Kunst des Nichtbeurteilens bei sich selbst anzuwenden. Oft bewerten wir uns selbst weitaus strenger und liebloser als alle anderen Menschen, um dann, als Kompensation, in allzu große Selbstnachgiebigkeit zu verfallen und der Manipulation unserer sozialen Maske nachzugeben.

Das »Böse« in uns kennen lernen

Es ist nicht möglich und auch nicht wünschenswert, »das Böse« in uns zu verleugnen. Es ist auch nicht möglich, es längerfristig hinter einer sozialen Maske zu verbergen, es wird immer wieder durchscheinen.

Untergründig arbeiten die bewerteten und verdrängten Anteile in der Seele und drängen immer wieder zum Durchbruch. Je mehr wir versuchen, nicht böse zu sein und uns selbst dafür zu bewerten und zu bestrafen, desto verzerrter und bedrohlicher wird diese Kraft über den weit ungesünderen Weg des Schattens ans Tageslicht treten. Zunächst in Form dunkler, ungeliebter und destruktiver Persönlichkeitsanteile, die scheinbar unkontrollierbar große Teile unseres Denkens, Fühlens und Handelns bestimmen, als deren Opfer wir uns fühlen. Schlimmstenfalls äußern sie sich als Persönlichkeitsspaltung. Dann sind wir tatsächlich zum Opfer unseres Schattens geworden, haben ihm die Macht zum Handeln übergeben und scheinen ihm hilflos ausgeliefert.

Nutzen wir dagegen den Schatten als eine Kraft, die uns etwas über unsere Selbstverleugnung zeigt, dann können wir Mitgefühl für alle Menschen und wahrhaftige Liebe kennen lernen. Wir können unseren Schatten nutzen, um an unseren destruktiven Gefühlen zu erkennen, wo wir uns Lebensqualität, Freude oder andere positive Lebensaspekte vorenthalten. Um dieses Ziel zu erreichen, ist es nötig, beide Teile zu kennen, unser Höheres Selbst und unser Niederes Selbst, und nicht im Irrgarten unseres Idealisierten Selbst zu verharren.

Wieweit eine Person ihre Höhen und Tiefen ausgelotet hat, ist aufgrund der Tätigkeit des Idealisierten Selbst nicht auf Anhieb festzustellen, früher oder später wird dies aber immer durch die Handlungen eines Menschen sichtbar.

Wahlfreiheit schaffen

Die Wahlfreiheit ist eines der Attribute, die uns Menschen von allem anderen Leben auf der Erde unterscheidet. Um sie zu erlangen, müssen wir in uns unsere dunkle Seite, den Gegenspieler, kennen lernen. Um uns wirklich für die Liebe zu entscheiden, müssen wir tatsächlich die Tiefen unseres Schattens ergründet, ihn angenommen und ihm einen Platz in unserer Persönlichkeit zugeteilt haben.

Erst wenn der Schatten sichtbar geworden ist, können wir sein Wirken erkennen und seine zerstörerischen Handlungen begrenzen. Im nicht erkannten und ungeoffenbarten Zustand wird er weiterhin sein Unwesen treiben, und wir werden uns nicht für sein Handeln verantwortlich fühlen, sondern uns als Opfer dunkler, im Außen angesiedelter Mächte begreifen.

Solange unser Schatten nicht integriert ist und wir deswegen keine Balance zwischen Ich- und Wir-Erfüllung halten können, sind es ausschließlich die Stammesregeln, die die Menschen dazu veranlassen, sich sozial zu verhalten. Die Motivation, uns in unserer Negativität einzugrenzen, besteht dann in der Angst vor Strafe oder vor Ausschluss aus der Gemeinschaft.

Die Stimme des Gewissens ist noch keine zuverlässig warnende Instanz, da der Schatten mithilfe der Abwehrmechanismen aus dem Sichtbaren ins Unsichtbare gerückt und auf andere projiziert ist. Deshalb ist hier auch keine wirkliche Wahrnehmung für Unrecht vorhanden. In all den Teilen, die dem Schattenbereich der Person unterliegen, werden dann Opfergefühle als Rechtfertigung für destruktives Verhalten genutzt und wir werden uns als Opfer unseres Schattens begreifen.

Erst wenn das Liebesprinzip in uns als eine aktive Kraft zu wachsen beginnt und sich sowohl im Höheren als auch im Niederen Selbst eine hörbare Stimme verschafft, wird das Stammesgesetz durch die innere Stimme ergänzt und im Laufe der Zeit ersetzt. Unabhängig vom Tun anderer lässt sie uns Recht und Unrecht klar erkennen. Wir sind dann nicht mehr Opfer unserer dunklen Seite, sondern vernehmen klar die Stimme unseres Niederen Selbst und die Stimme unseres Höheren Selbst, um dann wählen zu können, welcher wir folgen wollen.

Übungsteil

Welche eigenen inneren Bedürfnisse erkennen Sie, und
für welche sorgen Sie gut?
Beispiele:

➤ eigener zeitlicher Raum
➤ Erlaubnis, schöne Dinge, Kleider etc. zu besitzen
➤ Erlaubnis zur Muße, zur unstrukturierten Zeit
➤ Körperpflege betreiben, Friseur, Kosmetika etc.
➤ Erlaubnis zur körperlichen Bewegung
➤ Berührung, Zärtlichkeit, Kontakt
➤ gute, gesunde Ernährung
➤ sich wertschätzen, sich anerkennen
➤ Sexualität
➤ freier, spontaner Ausdruck

Gibt es Bereiche, die Sie »heimlich« befriedigen?

➤ Wenn ja: Wie äußert sich das?

Von welchen Personen befürchten Sie Kritik, Bewertungen
oder ähnliche einschränkende Reaktionen, wenn Sie zu
Ihren Bedürfnissen stehen würden?

➤ Verleihen Sie diesen Personen eine Stimme, indem Sie
aufschreiben, was Sie zu hören fürchten.

Wie würden Sie wünschen, in den Augen anderer zu
erscheinen?

Gibt es Eigenschaften oder Charakterzüge, die Sie am
liebsten verheimlichen möchten?

Scham- und Schuldgefühle – Der Teufelskreis der negativen Selbstbewertung

Um den Informationen des Niederen Selbst standhalten zu können, haben wir, wie ausgeführt, ein idealisiertes Selbstbild erschaffen – ein wichtiges Regulativ für psychische Gesundheit.

Emotionaler Stress lässt jedoch all das ans Licht kommen, was wir hofften, vor uns und der Welt geheim halten zu können. Geschieht dies und erkennen wir realistisch, mit welchen Charakterzügen wir wie umgehen, geraten wir in das Hamsterrad von negativer Selbstbewertung, von Scham-, Schuld- und Versagensgefühlen.

Scham erzeugt den Impuls sich zu verbergen. Dieser Impuls ist sehr gut bei kleinen Kindern zu beobachten, die sich in ihrer noch vorhandenen Spontaneität hinter einer anderen Person verbergen, sich verstecken oder die Hände vor ihr Gesicht halten, um »nicht mehr da zu sein«. Des gleichen Verhaltens bedienen sich Erwachsene auch: Schämen sie sich, verbergen sie sich manchmal so gut, dass sie sich selbst nicht mehr finden; sie verirren sich in den erschaffenen Bildern des Idealisierten Selbst.

Scham entsteht als Folge der Nichtintegration unseres Niederen Selbst. Sie ersetzt die klare Erkenntnis des eigenen Handelns durch emotionale Spannung. Gleichzeitig hilft sie, die Bilder des Idealisierten Selbst aufrechtzuerhalten, denn ihre Botschaft sagt: Ich will nicht so sein, wie ich bin. Ich bin dann in Ordnung, wenn ich den Anforderungen des Idealisierten Selbst entspreche. Wenn ich ihnen nicht entspreche, bin ich nicht wert dazuzugehören.

Dadurch wird der eigene Wert in Frage gestellt, denn er kann nur auf der Basis der Selbstakzeptanz wachsen – genau das verhindert die Scham aber. Hier entsteht ein Teufelskreis, der Selbstliebe verhindert und bewirkt, sich als Opfer zu fühlen.

Kain und Abel, ein Archetypus der Menschheit

Zu welchen katastrophalen emotionalen Folgen dieser Kreislauf führen kann, zeigt die Geschichte von Kain und Abel. Hier ist wichtig zu erwähnen, dass sie in symbolhafter Weise zu verstehen ist. Symbolhafte Darstellungen bedienen sich meist der Aufspaltung. So gibt es auch in den meisten Märchen die gute Mutter und die Stiefmutter, der gute und der böse Anteil der Mutter ist somit vereinfachend auf zwei Personen aufgeteilt. Dieses Prinzip findet sich auch bei den beiden Brüdern. So können wir Abel begreifen als das Beste eines Menschen und Kain als das Schlechteste im Menschen. Kain und Abel sind also als zwei Persönlichkeitsaspekte *eines* menschlichen Ausdrucks zu verstehen, als das Niedere und das Höhere Selbst.

Die Geschichte von Kain und Abel so weit am Anfang der Bibel zu finden, gibt uns einen Hinweis auf die zentrale Bedeutung, die dieses Thema für jeden Menschen hat. Es beinhaltet eine genaue Beschreibung der Prozesse, die Menschen mit Opfergefühlen durchlaufen – des Teufelskreises aus Selbstbewertung, Scham, Schuld und Selbstbestrafung.

Kain und Abel bringen gemeinsam ein Opfer, um sich in Verbindung mit Gott, dem beseelenden, geistigen Prinzip oder aber dem göttlichen Funken in uns, zu fühlen. Ein Opfer zu bringen kann man interpretieren als eine bewusste Hinwendung vom Materiellen zum Geistigen. Nichts anderes tun wir im Gottesdienst oder in einer Meditation. Dann heißt es in der Bibel: »Der Herr schaute auf Abel und sein Opfer, aber auf Kain und sein Opfer schaute er nicht. Da überlief es Kain ganz heiß und sein Blick senkte sich.« Dies ist eine sehr gute Beschreibung verschiedener verursachender Prozesse, die wir bei Opfergefühlen antreffen.

Statt zu sagen, Abel gelang es im Gegensatz zu Kain, die Verbindung zum Höheren Selbst herzustellen, lesen wir: »Der Herr schaute auf ...« Dies kennzeichnet die Verschiebung auf eine andere Kraft: Hier wird Gott nach außen verlagert und als verursachend erlebt. Die Energie Gottes erleben viele Menschen auf emotionale Weise, als personifizierte, unberechenbare Kraft, die willkürlich bestraft oder beschenkt und die Beziehung zu uns herstellt oder eben nicht herstellt. All das folgt scheinbar uneinsichtigen Regeln. Da gibt es die Glücklichen, die Geliebten und die Beschenkten, es gibt aber auch die Leidgeprüften, die Unglücklichen, die Pechvögel. Alle sind »Opfer« Gottes und seiner unberechenbaren Launen, im Guten wie im Schlechten. Natürlich wissen wir vom Kopf her, dass diese Vorstellung falsch ist, aber zwischen Wissen und Empfinden herrscht oft eine große Diskrepanz.

Kain wertet sich in der Folge ab, weil er an diesem Tag, vielleicht auch über eine längere Zeit, nicht so erfolgreich war wie Abel. Er hat sich mit Abel verglichen, statt eigene Stärken oder Schwächen zu erkennen, und hat daraus geschlossen, dass er weniger wert sei als Abel. Ausgeglichener wäre diese Haltung gewesen: Es ist richtig, heute habe ich mein Opfer nicht in der richtigen Haltung gebracht, deswegen konnte ich mich heute nicht verbinden, aber das ist nicht so schlimm, denn morgen werde ich es wieder neu versuchen, vielleicht klappt es dann. (Jeder, der regelmäßig meditiert, kennt die Schwierigkeit, eine Verbindung zuzulassen. Lange, bis unsere Konzentrationsfähigkeit genügend geschult ist und wir uns dieser Verbindung wirklich wert fühlen, schaffen wir dies nicht jeden Tag.) Stattdessen fiel Kain in den Kreislauf von Selbstabwertung, Scham- und Opfergefühlen.

Dann wird in der Geschichte von Kain und Abel die vegetative Reaktion von Scham beschrieben: Es überlief Kain »ganz heiß und sein Blick senkte sich«. Wenn es uns heiß überläuft, deutet das immer auf eine starke emotionale Beteiligung hin, die bewusst oder auch unbewusst sein kann. Senken wir unseren Blick, ist das eine Körperreaktion, die Scham signalisiert und den damit verbundenen

Kontaktbruch ausdrückt. Wir fühlen uns minderwertig und des Kontaktes nicht wert, wir isolieren uns. Spätestens jetzt werden wir nicht mehr über eine klare Sicht auf die Ursachen verfügen, diese sind jetzt in den Schattenbereich hineinverlagert.

All dies versucht Kain zu verbergen. Er erzeugt eine soziale Maske von Gleichgültigkeit oder vielleicht sogar Freundlichkeit, während er zu Abel sagt: »Gehen wir aufs Feld.« Aber als er sich ohne Zeugen wähnt und hofft, für seine Negativität nicht zur Verantwortung gezogen zu werden, bricht all sein Hass aus ihm heraus – Hass als ungeheure emotionale Ladung, die reaktiv als Folge von Selbstabwertung, Opfergefühlen und Scham gebildet wurde.

Wir wissen alle, wie es weitergeht. In elementarer Weise überschwemmen Kain diese Hassgefühle, machen ihn zu ihrem Opfer und lassen ihn den Brudermord als eine gerechtfertigte Lösung sehen. Abel, als Teil von ihm selbst, wird getötet.

Durch Bestrafung erhoffen wir Erleichterung

Es wäre ein großer Fehler anzunehmen, Kains Reaktionsweise selbst nicht fähig zu sein. Selbstabwertung und Scham lassen aus den meisten Menschen das Dunkelste hervorbrechen. Selbstabwertung führt zu derart starken Gefühlen, dass es sich mit ihnen dauerhaft so nicht leben ließe. Emotionale Ladungen dieser Art verlangen gewissermaßen nach Abreaktion, nach Mechanismen, die Erleichterung schaffen von den bedrängenden Gefühlen.

Hierzu eignet sich sehr gut die Möglichkeit der Schuldzuweisung an sich selbst oder an andere.

Interessanterweise scheint die Erleichterung, welche sich durch den Prozess von Beschuldigung und Strafe einstellt, gleich groß zu sein, egal, ob man sich selbst oder andere beschuldigt. Für kurze Zeit fühlen wir uns dann befreit, glauben, die Gefühle losgeworden zu sein, denn wir

Reine Notwehr, Chef.
Ich sag noch:
Abel, halt's Maul!
Aber nix! Der
Klugscheißer!

Kain, das erste Opfer

haben uns durch das Beschuldigen anderer reingewaschen oder Buße geleistet durch Selbstbeschuldigung.

Schuldzuweisungen führen bestimmte, sie begleitende Einstellungen mit sich:

Wir meinen, im derzeitigen Leben sei etwas nicht in »Ordnung«, müsse anders sein. Wir sind nicht bereit, Verantwortung für die Ursachen der »Unordnung« auf uns zu nehmen. Wir möchten die Ursachen gerne aus uns heraus an andere delegieren. Des Weiteren versuchen wir durch Bestrafung etwas zu ändern, auszugleichen.

Bei Letzterem handelt es sich um eine kollektive Lösungsidee vieler Kulturen, auch der unseren. Wir treffen sie konkret im kirchlichen Lehrgebäude an, in der Behauptung, wir alle seien Sünder und verdienten Strafe. Unsere Rechtsprechung drückt diesen Lösungsansatz ebenfalls aus, indem sie statt Wiedergutmachung meistens Bestrafung fordert. Auch in der Erziehung stellt sie heute noch ein geduldetes »pädagogisches Mittel« Kindern gegenüber dar.

Selbstbestrafung und Selbstversagung

Des gleichen Mechanismus bedienen wir uns, um innere Entlastung zu erfahren: Wir vollziehen die fällige Strafe sozusagen selbst. Wir versagen uns glückliche Beziehungen, denn die sind nur für die Hübschen, die Erfolgreichen und die Reichen reserviert, aber nicht für uns selbst. Oder wir beschränken uns in unseren Karrierewünschen, machen uns nicht stark für unsere Ziele, denn die Führungsposition in der Firma ist beispielsweise demjenigen vorbehalten, der bessere Schulabschlüsse aufzuweisen hat. Wir gönnen uns keine Freude, Ruhe, Zufriedenheit und kein gutes Selbstwertgefühl.

Selbstversagung verläuft im Gegensatz zur Bestrafung anderer meist leise, unterschwellig. Meist unbemerkt, wird sie nicht mit ihren wirklichen Ursachen in Verbindung gebracht und lässt sich außerdem leicht hinter dem Deckmantel von Demut oder Bescheidenheit verbergen. Gesellschaftlich anerkannt, wird sie manchmal sogar als christliches Attribut, als eine Handlung der Nächstenliebe deklariert.

Außer vielleicht in den krassen Formen der Selbstverstümmelung oder der Selbstzerstörung durch Drogen, Alkohol oder andere autoaggressive Handlungen benutzt die Selbstbestrafung meistens den Mechanismus des »Sich-etwas-nicht-wert-Seins«, des »Sich-Versagens«.

Handlungen dieser Art, geboren aus Selbstabwertung, haben Neid und andere destruktive Gefühle zur Folge. Sie fließen meist in irgendeiner Form in unser Umfeld ein und bilden ein energetisches Feld für Personen, die Gefühle der gleichen Art hegen. Die verdrängten Gefühle kommen in dem Moment hoch und signalisieren Ärger oder Neid in Wortwahl, Gefühlsausdruck oder Körpersprache, wenn andere das, was man sich selbst nicht zugestanden hat, für sich beanspruchen.

Der Wunsch, andere zu bestrafen, lässt sich leichter erkennen. Meist in der Haltung des gerechten Zorns vorgebracht, ist er an eindeutige Wortwahlen gebunden: »Wegen dir geht es mir so schlecht!« Oder: »Du bist schuld, und dir soll es auch nicht besser gehen als mir!«

Der Wunsch, aus diesem Zorn heraus andere zu bestrafen, ist in Paarbeziehungen immer wieder gut zu beobachten. Besonders bieten sich hier Situationen an, in denen eine Regelverletzung stattgefunden hat, also eine der beteiligten Personen »eindeutig« schuld ist.

Hierzu ein Beispiel:

Herr und Frau Kaiser, beide über 50, kommen zu mir in die Paarberatung. Sie sind seit 34 Jahren verheiratet. Für beide war der jeweils andere Partner die erste Beziehung, sie lernten sich als Jugendliche kennen.

Ihren aktuellen Konflikt beschreiben sie ähnlich: mangelnde Intimität, stattdessen sich häufende Machtkämpfe und nicht klärbare Konflikte.

Das Paar macht auf mich einen recht offenen Eindruck. Es stellt sich heraus, dass sie sich immer wieder intensiv mit sich selber auseinander gesetzt haben und sich zu diesem Zweck auch professionelle Hilfe gesucht haben.

Die auslösende Situation für ihre Schwierigkeiten liegt acht Jahre zurück. Damals hatte er eine verheimlichte Außenbeziehung, vier Jahre später eine zweite, ebenfalls verheimlicht. Frau Kaiser fand dies durch hartnäckiges Bohren und Drängen heraus, seitdem, so sagt sie, sei ihr Vertrauen zu ihm gestört und sie überprüfe seine Aussagen mehr oder weniger argwöhnisch.

Herr Kaiser beging in diesem Beispiel eine eindeutige, beziehungsverletzende Verfehlung, indem er seine Außenbeziehung erst einging, verschwieg und dann leugnete.

Frau Kaiser wiederum ist das »perfekte Opfer«. Wurde ihr etwa nicht unrecht getan, war es nicht der Mann, der durch sein destruktives Verhalten die Ehe gefährdet hat? Und ist es nicht gerechtfertigt, dass sie ihm jetzt Misstrauen entgegenbringt?

Wie leicht maßen wir uns an, Fälle wie diesen zu beurteilen! Wir verlieren die Neutralität, stellen uns auf die Seite des »Opfers« und teilen dessen »gerechten Zorn«.

Doch weiter in diesem Beispiel: Im Gespräch über die Zeit danach stellt sich heraus, dass durch die Auseinandersetzung mit diesem schmerzhaften Ereignis eine große Veränderung in der Paarbeziehung eingetreten ist. Beide Partner hatten ihr Zusammensein vorher als »eingeschlafen« und routiniert empfunden, während es danach wieder Gespräche und Kontakt gegeben habe. Auch hätten sie ihre Sexualität wieder befriedigender erlebt.

Diese konstruktive Veränderung, entstanden aus ihrem Umgang mit der schmerzhaften Situation, war beiden bewusst, jedoch tat sich Frau Kaiser extrem schwer, die Handlung ihres Mannes ihm zu verzeihen. Sie bestand auf ihrem Recht, gekränkt zu sein, und auf ihrem Recht zur Bestrafung, zum einen durch ihr Misstrauen und zum anderen, indem sie das Thema immer wieder zur Sprache brachte. Verzeihen könne sie erst dann, wenn sie die Sicherheit habe, dass es nie wieder zu so einer Situation komme.

Dies ist eine unerfüllbare Erwartung, denn Sicherheit, die durch die Veränderung einer *anderen* Person entstehen soll, ist immer trügerisch. Wirkliche Sicherheit im Beispiel von Frau Kaiser wäre nur dann möglich, wenn sie Vertrauen *zu sich selbst* entwickeln könnte: Vertrauen in ihre eigenen Fähigkeiten, die Beziehung in konstruktiver Weise zu beeinflussen, und Vertrauen in ihre eigenen Sensoren, ungute Entwicklungen erspüren zu können. Durch ihr Gefühl, Opfer des Verhaltens ihres Mannes zu sein, ist ihr jedoch der Blick auf diese, auf ihre Qualitäten versperrt. Sie konzentriert sich vielmehr auf sein Fehlverhalten, auf die ihr zugefügte Kränkung und auf ihren Wunsch nach Bestrafung.

So ist es ihr zwar in den letzten Jahren möglich gewesen, durch das zyklische Ausdrücken ihres Schmerzes und ihres Zorns in Form von Beschuldigungen und Forderungen so etwas wie eine momentane Entladung zu erfahren. Ihr emotionales Erleben jedoch drehte sich im Kreis, die Weiterentwicklung war blockiert durch ihr Gefühl, Opfer des Verhaltens ihres Mannes zu sein.

Ihre Hoffnung, die sie an die Schuldzuweisungen und den Wunsch nach Bestrafung knüpfte, war, die Sicherheit zu erlangen, dass ihr Mann sie nie wieder betrügen würde. Daher war es in der weiteren Arbeit wichtig herauszufinden, welche Ursachen diesem Gefühl von Kränkung und Verletzung zugrunde lagen. Zunächst stoßen wir immer wieder auf so genannte Regelsätze wie »In einer guten Beziehung kommt so etwas nicht vor«, »Ich würde so etwas nie tun und deswegen sollte er es auch nicht tun« oder »Wenn er mich wirklich liebte, würde er mir so etwas nicht angetan haben«.

Wir finden heraus, wie Frau Kaiser das Verhalten ihres Mannes dazu benutzt hat, ihre eigene Unsicherheit, ob sie eine liebenswerte Person sei, zu verstärken. Die Gleichgültigkeit ihrer eigenen Eltern hat sie dahin gehend interpretiert, nicht nur nicht liebenswert, sondern auch nicht berechtigt zu sein, die Liebe eines anderen Menschen zu empfangen.

Natürlich war auch eine Arbeit mit Herrn Kaiser notwendig. In der Falldarstellung habe ich mich aber vor allem auf Frau Kaiser beschränkt, da wir es hier mit der Verletzung einer Beziehungsnorm durch den Mann zu tun haben. Es lag also eine »Schuld« auf seiner Seite vor, während sie sich in der klaren Position des so genannten unschuldigen, gedemütigten Opfers befand.

Der Blickwinkel des »Opfers« ist auf den »Täter« gerichtet

Es besteht ein Zusammenhang zwischen dem Verharren im Zyklus von Schuldzuweisung, Bestrafungsversuch und Opfergefühlen einerseits und dem Gefühl von erlittenem Unrecht, mit welchem eine Person in ihrer Biografie oder in ihrer heutigen Situation umgeht, andererseits.

Der Blickwinkel von Personen, die Missbrauch, Gewalt oder Demütigungen erlitten haben, ist oft auf den Täter und auf Bestrafungswünsche oder -fantasien ihnen gegenüber gerichtet. Er ist dagegen nur selten darauf gerichtet, wie die schmerzhaften Erfahrungen konstruktiv integrierbar und nutzbar gemacht werden können und ob nicht bereits großer Wachstumsprofit aus ihnen gezogen wurde.

Bei Herrn und Frau Kaiser bestand der Profit bereits zu Anfang der Paarberatung in ihrer veränderten und lebendigeren Kommunikation sowie in ihrer als besser erlebten Sexualität. Diese Entwicklung resultierte aus der verletzenden Situation.

Ich möchte Verletzungen keinesfalls bagatellisieren, aber da die Geschichte nicht umzuschreiben ist, die Verletzung stattgefunden hat und dies selbst durch die beste Psychotherapie nicht rückgängig gemacht werden kann, hat es wenig Sinn, in Denkstrukturen zu verharren, die destruktive Identifikationen aktiv erhalten und ihnen immer wieder neue Nahrung geben.

Schuldzuweisungen und Bestrafungsversuche stellen einen Lösungsversuch dar, um mit den zugrunde liegenden Selbstbewertungen umzugehen. Auf diese Weise soll die emotionale Spannung, die durch die schlechte Selbstbewertung entstanden ist, kanalisiert und entladen werden. Ein Weg, dem bestenfalls nur vorübergehender Erfolg beschieden ist, da keine Veränderung der Ursachen stattfindet und über Strafe auch nicht entstehen kann. Die einzige Person, die dauerhaft über Bestrafung erreicht und zerstört werden kann, ist man selbst.

In diesem Zusammenhang gibt es den schönen Ratschlag eines buddhistischen Lama, der eine Haltung der Liebe und Geduld empfiehlt, wenn man einem wirklich unangenehmen Menschen begegnet. Schließlich muss man diesen Menschen nur kurz aushalten, er sich jedoch sein ganzes Leben.

Diese kleine Geschichte skizziert die destruktive Wirkung von Selbstbewertung sehr gut. Ein Mensch, der unter fehlender Selbstliebe leidet, wird das Vermisste auf zerstörerische Weise leben, nämlich als Hass. Und er wird unter seinem Hass selbst am meisten zu leiden haben.

Übungsteil

Gibt es Bereiche in Ihrem Leben, die für Sie schambesetzt sind und über die Sie aus diesem Grund Stillschweigen bewahren?

➤ Was halten Sie für die Ursache Ihres Schamgefühls?

Lassen Sie die Begriffe »Selbstbestrafung« und »Selbstversagung« einen Moment auf sich wirken.

➤ Welche Assoziationen, welche Gefühle können Sie in sich wahrnehmen?

➤ Gibt es etwas in Ihrem Leben, das Sie sich nicht zugestehen? Vielleicht erleben Sie es so, dass irgendwelche äußeren Gründe dafür verantwortlich sind (zu viel Stress, die Kinder, die Arbeit usw.). Benutzen Sie vorhandene Neidgefühle als Werkzeug, um hierüber klarere Informationen zu bekommen.

Gibt es Menschen, auf die Sie wirklich zornig sind?

➤ Welche »Schuld« werfen Sie ihnen vor?

➤ Wie möchten Sie diese Menschen bestrafen?

Der Mythos vom wahren Mann und der wahren Frau

Das Verständnis von Männlichkeit und Weiblichkeit ist von jahrhundertealten Vorstellungen und archetypischen Bildern über geschlechtsspezifische Gegebenheiten geprägt. Bis in die heutige Zeit bilden sie trotz aller Versuche, Gleichberechtigung zwischen den Geschlechtern herzustellen, die Ursache für Missverständnisse und Verletzungen zwischen Männern und Frauen.

Die Menschheit erlebt sich polarisiert, in feindliche Lager aufgeteilt. Der Riss geht nicht nur durch die Menschheit, er hat seine Widerspiegelung im Inneren eines jeden Einzelnen und im Inneren unserer Kinder. Sehr viele Menschen haben Opfergefühle entwickelt, weil sie glauben, den Erfordernissen eines richtigen Mannes oder einer richtigen Frau nicht zu genügen.

Zahllose Literatur beschäftigt sich mit der Aufspaltung zwischen den Geschlechtern. Wir hören, dass »Männer vom Mars kommen, Frauen dagegen von der Venus«. Wir lesen: »Nur ein Mann kann einen Mann wirklich verstehen«, und, natürlich, nur eine Frau ist in der Lage, eine Frau wirklich zu verstehen. So entsteht ein Bild von Nicht-Kommunikation, der Graben zwischen weiblichen und männlichen Personen erscheint unüberbrückbar und tief. Das jeweils andere Geschlecht scheint es besser zu haben, sei es im beruflichen oder emotionalen Ausdruck. Frauen fühlen sich als Opfer von Männern, diese wiederum meinen, Opfer der Frauen zu sein.

Innere männliche und weibliche Bewusstseinszustände

Wer sich ausschließlich als Mann oder ausschließlich als Frau identifiziert, öffnet der Selbstabwertung Tür und Tor. Sprächen wir dagegen von inneren männlichen und weiblichen Anteilen, Energien oder Bewusstseinszuständen, die in jedem menschlichen Wesen wirken, entstünde ein völlig neues Bild und vieles erschiene in einem neuen Licht.

Als Energie oder Bewusstsein wird ein gewisser Ladungszustand bezeichnet, der in Bewegung oder ruhend sein kann; man kann ebenfalls das Wort »Schwingung« dafür verwenden. Diese Begriffe, so wie sie hier gebraucht werden, sind wertneutral, das heißt, sie sind weder »gut« noch »schlecht«. Wenn wir das Wesen von uns Menschen näher betrachten, erkennen wir, dass viele verschiedene Energien uns im Ganzen ausmachen. Es wurde bereits auf die Energien des Niederen und des Höheren Selbst des Menschen hingewiesen.

Wenn wir die Rolle des Erwachsenen innehaben, haben wir eine »erwachsene«, sprich nüchterne, neutrale, rationale Energie oder Schwingung. Wenn wir ein anderes

Mal passiv und aufnahmebereit sind, dominiert eine mütterlich-weibliche Energie. Grenzen setzend und Strenge ausstrahlend können wir uns in einer männlichen Energie erleben. Sind wir dagegen fröhlich, spielen wir mit Freunden, lachen wir und haben Spaß, können wir eine eher kindliche Energie bei uns wahrnehmen.

Gefühle können verschiedene Schwingungszustände ausdrücken. So hat zum Beispiel Zorn eine bestimmte Art von Ladung, die mit Attributen wie heiß, kraftvoll und zerstörerisch bezeichnet werden kann. Fröhlichkeit wiederum wird eher eine Schwingung von Leichtigkeit und Frische besitzen. Einem Bewusstseinszustand folgt somit eine entsprechende Energie, die unseren kommunikativen Ausdruck bestimmt.

Leider werden die Begriffe »männlich« und »weiblich« oft ausschließlich als Attribute der äußeren Geschlechtsidentifikation benutzt. In der modernen Säuglingsforschung wurde jedoch festgestellt, dass bereits im frühesten Säuglingsalter sowohl die vorwärts strebende männliche Kraft als auch die empfangende weibliche Kraft anzutreffen ist. Bereits in den ersten Tagen nach der Geburt kann man sowohl aktives Kontakt herstellendes als auch passives Kontakt empfangendes Verhalten beobachten, das den muskulären und sonstigen Fähigkeiten des Neugeborenen entspricht.

Die Identifikation als Mann oder Frau

Bis zum Zeitpunkt der Geschlechtsidentifikation erlebt sich das Kind nicht als Junge oder als Mädchen, sondern als Person. Die Geschlechtsidentifikation setzte früher zwischen viereinhalb bis fünfeinhalb Jahren ein, inzwischen aber immer eher. Sie wird dem Kind immer früher durch kulturelle und elterliche Erwartungen gleichsam aufgedrängt. Unterschiedliche Vorstellungen und Erwartungen kennzeichnen bereits die Ankunft eines Jungen oder eines Mädchens. Eine geschlechtsspezifische Erziehung ist bereits im frühesten Kindesalter die Folge. Später lässt beispielsweise das Wissen, eine Frau zu sein, Personen vor Computern und naturwissenschaftlichen Fächern zurückschrecken und sich eher sozialpflegerischen Aufgaben zuwenden. So konnte ich immer wieder beobachten, wie so genannte geschlechtsspezifische Aufgabenbereiche bei einer neu entstehenden Paarbeziehung automatisch an den entsprechenden Partner delegiert wurden. Ob das die Frauen waren, die plötzlich keine Bohrmaschine mehr bedienen konnten und keine eigenen Entscheidungen mehr trafen, oder ob das die Männer waren, die sich mit einem Male nicht mehr in der Lage fühlten, soziale Kontakte zu pflegen oder ihre Wäsche zu waschen. Es scheint ein intensiver Wunsch vorhanden zu sein, sich als Mann oder Frau zu definieren und sich in den jeweils spezifischen Aufgabenbereich zurückzuziehen.

Ungezählte Vorgaben, welche Verhaltensweisen für Frauen, welche für Männer gelten – bis hin zur Festlegung der Kleiderordnung –, regeln das Zusammenleben von Männern und Frauen und sorgen für ein Bild der Verschiedenartigkeit. Man muss sich fragen, welches Interesse könnte die universelle Lebensenergie, auch Gott genannt, an Bekleidungsvorschriften haben?

Von Männern und Frauen zur Personenschaft

Im 1. Korintherbrief 14,34 heißt es: »Wie in allen Gemeinden der Heiligen, lasset eure Weiber schweigen unter der Gemeinde, denn es soll ihnen nicht zugelassen werden, dass sie reden, sondern sie sollen untertan sein, wie auch das Gesetz saget.«

Im 1. Korintherbrief 11,3 heißt es: »Ich lasse euch aber wissen, dass Christus ist eines jeglichen Mannes Haupt, der Mann aber ist des Weibes Haupt, Gott aber ist Christi Haupt.«

Gemeinhin werden diese Bibelstellen als Forderungen an Männer und Frauen und deren Beziehung zueinander interpretiert. Die römisch-katholische Kirche stützt sich noch heute auf sie, wenn sie beispielsweise weiblichen Personen den Zutritt zum Priesteramt verwehrt. Ich meine, diese Aussagen bedürfen dringend einer Neuinterpretation. Denn genauso gut könnten wir die Aussagen des Korintherbriefs als eine Information über männliche und weibliche Bewusstseinszustände begreifen. Dann hilft uns die erste Aussage, das weiblich-empfangende Prinzip dem männlich-gestaltenden Prinzip innerhalb der Person nachzuordnen.

Die zweite Textstelle stellt dies in einen noch größeren Zusammenhang. Mit »Christus ist eines jeglichen Mannes Haupt« wird die Person Jesus Christus in ihrem Amt angesprochen. So wie wir in der Politik Ämter von den Personen trennen, so bezeichnet Jesus die Person, Christus hingegen das Amt, nämlich den Träger des Liebesprinzips. Das Liebesprinzip wird damit als das Haupt des männlichen Prinzips beschrieben, ist also ihm übergeordnet. Das weibliche Prinzip ist dem männlichen Prinzip nachgeordnet. Alle drei, das Liebesprinzip, das männliche und weibliche Bewusstsein, unterstehen wiederum den universellen Lebensgesetzen, auch Gott genannt. Innerhalb der Person bedeutet Gott das Höhere Selbst des Menschen, eine Bewusstseinsebene, welche uns veranlasst, konstruktive, mit unserem Gewissen vereinbare Handlungen zu begehen.

Wenn das männlich-aktive Prinzip dem weiblich-passiven Prinzip übergeordnet ist, bedeutet das aber auf keinen Fall, dass es »besser« ist. Und es ist ein geradezu gefährlicher Trugschluss anzunehmen, dass der Mann der Frau übergeordnet sei.

Männliches Bewusstsein bildet zusammen mit weiblichem Bewusstsein ein sich dual ergänzendes Gegensatzpaar. Es handelt sich also nicht um einen körperlichen

Geschlechtsausdruck, sondern um zwei sich ergänzende innere Bewusstseinszustände.

Über die Existenz einer rational-analytischen, verbal, linear und logischen Gehirnhälfte einerseits und einer intuitiv-ganzheitlichen, bild- und sinnbezogenen andererseits besteht allgemein Übereinstimmung. Durch die Überkreuzung der Nervenbahnen wird das, was im Körper rechts erfahren wird, in der linken Gehirnhälfte abgebildet und umgekehrt. Auch dies eine allgemein bekannte Tatsache – dennoch wird dieses Wissen meistens nicht logisch weitergeführt zur Erkenntnis, dass wir demnach immer sowohl männlich als auch weiblich sein müssen.

Die Gleichsetzung der körperlichen Geschlechtsmerkmale mit nur einem Bewusstseinszustand verursacht die großen Missverständnisse zwischen Männern und Frauen. Denn lebe ich beispielsweise im Körper eines Mannes, ist mein Bewusstsein aber eher weiblich geprägt und praktiziere ich die erwähnte Gleichsetzung, dann liegt der Schluss nahe, dass mit mir etwas nicht in Ordnung ist, dass ich kein »richtiger« Mann bin. Von hier aus ist der Schritt zur Selbstabwertung und in Opfergefühle fast zwangsläufig. Verstehe ich mich aber als Person, die mit verschiedenen Bewusstseinsebenen umgeht, ergibt sich ein völlig anderes Bild. Dann kann ich mich als eine männliche Person sehen, die einen guten Zugang zu ihren weiblichen Anteilen hat.

Die Wirkungsweise der männlichen und der weiblichen Kraft innerhalb der Person ist voneinander abhängig. Die eine ist ohne die andere unvollkommen, jede Handlung des Menschen erfordert ein harmonisches Miteinander dieser beiden grundlegenden Prinzipien.

Die ergänzende Wirkungsweise des männlichen und weiblichen Prinzips

männliche Anteile	*weibliche Anteile*
dynamisches Prinzip	statisches Prinzip
aktiv-gebend	passiv-empfangend
erweiternd, nach vorne gehend	bewahrend
Impuls gebend	Form aufbauend, gestaltend
rational-analytisch	emotional-empfindend
logische Verknüpfung	ganzheitlich erkennend
Sprache, Mathematik	musisches und künstlerisches Empfinden

Diese beiden Prinzipien wirken alle innerhalb eines jeden Menschen und bilden zusammen ein sich ergänzendes Gegensatzpaar. Ausbalanciert zusammenarbeitend, ermöglichen sie eine harmonische Lebensführung.

So verleiht beispielsweise eine männliche Person ihrer weiblichen Seite Ausdruck, wenn sie passiv-empfangend die Schönheit der Natur auf einem Waldspaziergang genießt oder fürsorglich ihr soziales Umfeld versorgt. Eine weibliche Person dagegen kann durch zielgerichtete, gestaltende Aktivität ihre männliche Energie umsetzen, um beruflichen Erfolg und Führungsqualität zu erlangen. Es geht hierbei nicht um die Umkehrung der bestehenden Aufgaben und Rollen, es geht vielmehr um eine Möglichkeit zur Erweiterung einengender Sicherheitszonen.

Statt sich wechselweise für männliche oder weibliche Bewusstseinsinhalte abzuwerten, erscheint es mir erstrebenswert, die vorhandenen Möglichkeiten besser zu nutzen, um dadurch größere Wahlmöglichkeiten innerhalb der Person zu schaffen.

Wenn wir beispielsweise ein neues Projekt verwirklichen wollen, dann schafft der innere Mann den Bauplan des gewünschten Projekts. Er stellt sich vor, was es beinhalten soll, was er hineingeben möchte und was er sich davon erhofft. Die innere Frau beginnt sich dann zu öffnen, das Gewünschte magnetisch anzuziehen, es zu pflegen und aus der Gedankenwelt in die praktische Realität zu bringen. Wenn der innere Mann und die innere Frau in Harmonie miteinander sind, wird das neue Projekt bald realisiert sein. Der Liebesaspekt – Christus – bringt die Qualitätsebene der Liebe und die Lösungen unseres Höheren Selbst in das Geschehen ein. In diesem Beispiel würde das bedeuten, dass das Projekt entwicklungsfördernd ist und niemanden schädigt. Gott ist als das beseelende Prinzip zu verstehen, aus dem alle Kraft geschöpft wird, egal, wie die Person sie verwendet.

So erweisen sich alle oben genannten Aspekte im 1. Korintherbrief 11,3 als Bewusstseinszustände, die in einem Menschen wirksam sind und durch eine Person zu aktivieren sind.

Wir sind Bewusstsein und haben einen Körper

Durch die skizzierte Sichtweise können wir erkennen, dass wir bedeutend mehr sind als unser Körper. Durch sie können wir uns als Bewusstsein begreifen. Es bewohnt sozusagen unseren Körper. Menschen leben damit in Körpern, die männliche oder weibliche Geschlechtsmerkmale besitzen. Das Wesen von Männern und Frauen ist aber sowohl männlich als auch weiblich. Männer oder Frauen gibt es nur auf der körperlichen Ebene, ihr Bewusstsein zeichnet sich durch die genannten unterschiedlichen Aspekte aus. Dies steht im Widerspruch zu den einleitend genannten gesellschaftlich akzeptierten Konventionen, die Männer und Frauen als vollkommen verschiedene Wesen betrachten, denen eine Verständigung nur schwer möglich ist.

Warum entstehen Opfergefühle?

Was die Verständigung schwierig macht, ist die wechselseitige Verdrängung oder Abwertung der weiblichen Anteile im Mann und der männlichen Anteile in der Frau. Dies geschieht aus der Angst, unmännlich oder unweiblich zu erscheinen. Zu wenig wird der Wert der neutralen Personenschaft in der Kindheit erkannt und gefördert. Immer früher begegnen wir kleinen Männern und Frauen, die sich bemühen, geschlechtsspezifische Stereotype zu erfüllen. Der Preis dafür ist hoch. Es müssen dabei weibliche oder männliche Persönlichkeitsanteile geopfert werden, um den gesellschaftlichen und den elterlichen Erwartungen gerecht zu werden.

Versuchen wir aber einen Persönlichkeitsanteil, den wir als negativ ansehen, zu opfern, so fühlen wir uns bald als dessen Opfer. Denn wenn wir keinen konstruktiven, bejahenden Ausdruck für manche unserer Wesensmerkmale finden, werden wir einen zerstörerischen Ausdruck dafür wählen. Der ungeliebte und abgewertete Anteil wird schon bald sozusagen durch die Hintertür in seiner zerstörerischen Erscheinungsform wieder in unser System hineinkommen und sich bemerkbar machen.

Vielleicht halten Frauen Zorn für ein unweibliches Gefühl und fürchten, zeigten sie ihn, für unweiblich gehalten zu werden. Dann werden sie ihn unterdrücken, ja oft sogar vor sich selbst verbergen und verdrängen. Sie werden einen Ausdruck für ihn finden, der ihrem Idealisierten Selbst gemäß erscheint.

Da es aber dem Wesen von Energien entspricht, in Bewegung zu sein, wird sich dieser Zorn seinen Weg suchen. Er könnte sich als Magengeschwür manifestieren, das die Betroffenen immer an ihn erinnert. Er könnte sich genauso gut in Form von Autoaggressionen gegen sich selbst richten oder in Form von Projektionen, Zwangshandlungen, Phobien oder Ängsten ans Tageslicht treten. Vielfältige, in-

Weibliches Denken im männlichen Körper

81

dividuelle Möglichkeiten bringen den Zorn wieder ins System hinein. In diesem Zusammenhang möchte ich auf das hohe Brustkrebsrisiko bei Frauen verweisen....

Jede der versteckten Möglichkeiten verhindert, das eigentliche Gefühl zu erkennen und adäquat zu beantworten, nämlich zornig zu sein.

Wir finden zwei grundsätzliche destruktive Möglichkeiten, mit inneren ungeliebten Anteilen umzugehen. Sie können in den Schattenbereich der Person verdrängt werden, sodass sie für den Betroffenen nicht mehr wahrnehmbar sind, oder die Person nimmt sie wahr, wertet sich aber wegen dieser Anteile ab.

Die erste Möglichkeit

Eine weibliche Person hat ihre männlichen Anteile verdrängt, in der Hoffnung, eine »richtige«, ganze Frau zu sein. Die meist unbewusst getroffene Entscheidung hindert aber ihre männlichen, aktiv gestaltenden Wesensmerkmale daran, sich zu entfalten. Das kann sich so auswirken, dass sie sich zu völliger Handlungs- und Entscheidungsunfähigkeit verurteilt fühlt. Sie sucht dann häufig Abhilfe bei einem Partner, durch den sie sich Vollständigkeit erhofft, der bereit ist, ihr vermeintliches Defizit auszugleichen, und der den starken, strukturgebenden Teil übernimmt. Von Fall zu Fall könnte dies zeitweise gelingen, jedoch nur sehr selten dauerhaft, da der Partner in der Regel jene Entscheidungen treffen wird, die seiner inneren Persönlichkeit entsprechen. Die Frau wird sich bald von ihm abhängig fühlen. Sie wird sich als Opfer des dominierenden Mannes begreifen.

Ziehen wir zum besseren Verständnis die männliche Variante dieses Prozesses heran, dann begegnen wir einer männlichen Person, die ihre weiblichen Persönlichkeitsaspekte aus ihrer bewussten Wahrnehmbarkeit ins Unbewusste verdrängt hat.

Diese Person wird sich folglich über ihre männlichen Anteile definieren. Sie wird sich strukturiert und zielorientiert erleben und nach Leistung und Erfolg streben. Liebesbeziehungen werden für sie nur während der Eroberungsphase interessant sein. In sich zu ruhen und eine emotionale Beziehung zu sich und anderen zu pflegen, wird ihr sehr schwer bis unmöglich sein. Vermutlich wird die männliche Person eine Partnerin wählen, die diese Fähigkeit besitzt, sie wird jedoch gleichzeitig versuchen, Macht über die Frau zu gewinnen, sie zu kontrollieren und zu beherrschen.

Die weibliche Variante hat ihre Entsprechung in der männlichen. Wir finden sie im Klischee von Männern und Frauen der 50er-Jahre. Zahlreiche Filme zeigen eine emotional warmherzige, aber etwas konfuse, ein wenig dümmliche Frau mit einem emotional ärmlichen, aber erfolgreichen und intelligenten Mann. Die Schlusseinstellung des Films zeigt uns dann ihn, unbeholfen, aber glücklich den Kinderwagen schiebend, und sie, gerührt und nachsichtig, überzeugt, dass sie als Frau so etwas natürlich viel besser kann. Ebenso gut könnte der Schluss auch zeigen, wie er jede Art »männlicher« Aufgaben ihr abnimmt, während sie ihre wahre Berufung hinter dem Herd erkennt.

Ich bin nicht vom Erfolg dieser Beziehungskonstellation überzeugt. Sie basiert auf der Unterdrückung eines Teils unserer Persönlichkeit und beweist damit einen Mangel an Selbstliebe. Diese Beziehungskonstellation erfordert, sich von einem anderen Menschen abhängig zu machen, statt Partnerschaft zu leben. Vermutlich werden beide sich innerhalb kurzer Zeit jeweils als Opfer ihres Partners fühlen. Sie werden wahrscheinlich auch beide die verursachenden inneren Einstellungen nicht erkennen: die eigenen verdrängten und negierten Persönlichkeitsanteile.

Die zweite Möglichkeit

Die zweite Möglichkeit, mit den ungeliebten männlichen Anteilen umzugehen, besteht für die Frau darin, ihre männlichen Teile nicht zu verdrängen, sondern sie zu bewerten. Wir hätten dann eine weibliche Person, die sehr wohl dem Wunsch nachgibt, ihre aktiv gestaltenden und strukturgebenden Fähigkeiten ins Leben zu bringen. Sie wird sich dann zwar Erfolg und männliche Kompetenz zugestehen, gleichzeitig aber befürchten, keine richtige Frau und dadurch keine interessante Partnerin zu sein. Diese Frau wird sich als ein Opfer ihrer aus ihrer Sicht heraus mangelnden Weiblichkeit fühlen. Vermutlich wird sie dies durch eine heimliche oder offene Konkurrenzhaltung Männern gegenüber und mit dem Versuch, der »bessere Mann« zu sein, kompensieren.

Frauen, die diesen Weg eingeschlagen haben, neigen dazu, männliche Partner mit vielen weiblichen Anteilen zu wählen. Es fällt ihnen jedoch schwer, den Partner dafür auch zu achten. Stattdessen werden sie ihre Selbstabwertung, erwachsen aus der Angst, keine richtige Frau zu sein, auf ihn übertragen und ihm vorwerfen, kein richtiger Mann zu sein.

Die männliche Variante könnte uns hier einen Mann zeigen, der seine weiblichen Anteile zwar spürt, aber sie aus Angst, kein richtiger Mann zu sein, abwertet. Er könnte zwar gefühlvoll und fürsorglich sein, dies ginge aber einher mit einer starken heimlichen, vielleicht auch offenen Selbstabwertung – dem Gefühl, unmännlich zu sein. Er würde wahrscheinlich Partnerinnen wählen, die viele offene männliche Anteile leben, er würde sich unterordnen und anpassen, aber sich selbst gleichzeitig für seine befürchtete mangelnde Männlichkeit ablehnen. Bedingt durch seine mangelnde Selbstachtung hätte er sicherlich Schwierigkeiten, an seiner Partnerin den verstärkt männlichen Ausdruck zu schätzen und sie als richtige Frau zu sehen.

Wir hätten dann zwei Personen, die beide mit einem schlechten Selbstwertgefühl ausgestattet sind und ihre eigenen Befürchtungen, kein richtiger Mann, keine richtige Frau zu sein, auf den Partner übertragen und bekämpfen.

Statt ihre eigenen weiblichen Anteile anzunehmen und zu schätzen, finden wir die männlichen Personen dann oft in Männergruppen, in denen sie versuchen, ihre Männlichkeit zu integrieren, die weiblichen Personen hingegen üben sich in der Kunst der Hingabe. Notwendig wäre jedoch, das Offensichtliche, nämlich die wunderbar entwickelte weibliche Seite im Mann und den starken Ausdruck der Männlichkeit in der Frau, lieben, schätzen und nutzen zu lernen.

Beginnen wir also, uns als Personen zu begreifen und uns mit unseren männlichen, weiblichen und kindlichen Anteilen anzunehmen. Sie gehören zu unserem Wesen, wir haben durch die Identifikation mit unseren Lebenserfahrungen die prägenden weiblichen, männlichen und kindlichen Aspekte unserer Herkunftsfamilie genährt und weiterentwickelt. Wir könnten ebenso beginnen, uns dafür zu lieben.

Diese Form der Unterscheidung erscheint mir wesentlich sinnvoller als eine Definition über die körperliche Geschlechtsidentifikation. Sie würde auch den nebulösen Mythos um Mütterlichkeit oder Väterlichkeit aufhellen. Eine neue, erweiterte Sicht der eigenen Eltern und der vorgenommenen eigenen Identifikationen würde sich ergeben. Und: Es gäbe viel weniger Opfergefühle mit den daraus resultierenden Konflikten auf der Welt!

Kürzlich fragte mich ein Teilnehmer meiner Kurse, was denn dann ein richtiger Mann, eine richtige Frau sei. Leider war es mir nicht möglich, diese Frage zu beantworten; dieser Spezies bin ich bisher nicht begegnet.

Übungsteil

Haben Sie sich schon einmal in Ihrem Geschlechtsausdruck als Frau oder als Mann benachteiligt gefühlt?

➤ Wenn ja, wodurch?

Welche männlichen und welche weiblichen Anteile erkennen Sie bei sich?

➤ In welchen Lebensbereichen profitieren Sie von Ihnen?
➤ Wann leiden Sie unter ihnen?

Können Sie auch kindliche Anteile bei sich feststellen?

Haben Sie Persönlichkeitszüge, die Sie nicht mögen?

➤ Falls ja: Können Sie sie den Kategorien männlich oder weiblich zuordnen?

Welchen Vorstellungen und Rollenerwartungen begegneten Sie in Ihrem Elternhaus?

Was ist Ihre Vorstellung, wie Sie als Frau (wenn Sie einen weiblichen Körper »bewohnen«) wahrgenommen werden?

➤ Warum denken Sie, so wahrgenommen zu werden?

Was ist Ihre Vorstellung, wie Sie als Mann (wenn Sie einen männlichen Körper »bewohnen«) wahrgenommen werden?

➤ Warum denken Sie, so wahrgenommen zu werden?

Die Kunst, zu geben und zu nehmen

Bei der Kunst, zu geben und zu nehmen, geht es ebenfalls um den Umgang mit einem Gegensatzpaar. Einseitig gelebt oder favorisiert, zieht es ein Ungleichgewicht nach sich und verursacht Leid und Schmerz. Wenn die Person aufgrund ihrer vorgenommenen Identifikationen dieses Leid nicht richtig deutet und beantwortet, erwachsen daraus Opfergefühle.

Die Nehmerhand – ein gesellschaftliches
Degenerationssyndrom

Zu geben und zu nehmen ist in seinem Rhythmus mit der Aus- und Einatmung vergleichbar. Das Volumen, das eine Person einatmet, entspricht der Menge, die sie ausatmet. Vergleichbar kann eine Person nur so viel annehmen, wie sie bereit ist zu geben. Dieser Verhältnismäßigkeit wird oft zu wenig Rechnung getragen. Der Fokus vieler Menschen erscheint mir zurzeit sehr auf das Nehmen gerichtet zu sein, es, so hoffen sie, verspricht größere Befriedigung.

Aus der Fragestellung »Was gebe ich in ein System hinein, um es für mich und andere konstruktiv zu gestalten?« wird die Fragestellung »Was kann ich aus einem System herausnehmen, um mit möglichst wenig Aufwand größtmögliche persönliche Bereicherung zu erzielen?«. Kommt diese Thematik in irgendeiner Form zur Sprache, beobachte ich die häufige Verwendung des Wortes »kriegen«. Die Frage »Was kriege ich?« oder die Aussage »Ich kriege nicht genug!« höre ich in dieser oder in abgewandelter Form mehrmals täglich. Mir fällt dabei die Wortverwandtschaft zu »Krieg« auf. Und tatsächlich meine ich häufig einen »Krieg um das Kriegen« zu erkennen.

Beispiel 1

Malen Sie sich eine Partnerschaft aus, deren Fokus auf das »Kriegen« gerichtet ist. Beide Partner werden wenig Dankbarkeit dem anderen gegenüber empfinden, da bei beiden das Bekommene nicht auf fruchtbaren Boden fällt. Jeder der beiden wird denken, der Partner sei nur auf der Welt, um ihn zu befriedigen. Befriedigung wird dann zur Selbstverständlichkeit und nicht mehr als Geschenk erlebt. Deswegen fühlen sich dann beide unbefriedigt, egal, wie viel sie tatsächlich bekommen haben. Die Beziehung ist in diesem Fall von den folgenden Fragestellungen geprägt:

Ich bin unzufrieden, mir fehlt etwas. Warum gibst du mir nicht, was mir zusteht? Du müsstest mir etwas, und zwar das Richtige geben! Das, was du mir gibst, ist selbstverständlich, wichtiger ist, was du mir nicht gibst! Aus erfüllten Bedürfnissen erwachsen augenblicklich neue Forderungen. Hier entsteht eine Schwingung von Armut und als deren Folge starke Mangel- und dadurch wiederum Opfergefühle in der Beziehung.

Beispiel 2

Stellen Sie sich dagegen eine Partnerschaft vor, deren Grundaussage ist: »Ich kann gut für mich selbst sorgen und ich möchte, dass unsere Beziehung glücklich und du zufrieden bist.« Beide Partner geben hier aus dem Wunsch heraus, den anderen glücklich zu sehen. Interessanterweise geschieht dies zwischen Verliebten während der ersten Phase ihrer Beziehung fast automatisch. Eine Schwingung von Reichtum und Fülle entsteht, eine der Grundlagen des Liebesprinzips. Beide Teile des Paares fühlen sich reich beschenkt, oft wird die bloße Anwesenheit des anderen als Geschenk und damit als etwas Besonderes erlebt.

Geben wir uneigennützig, aus einer Haltung der Fülle, können wir auch gut die täglichen Geschenke des Lebens annehmen, wir fühlen uns ihrer wert. Geben wir aber spärlich oder aus den vielfältigen Verzerrungen des Schattens, werden wir auch Schwierigkeiten haben anzunehmen. Wir befürchten dann Verletzung, Abhängigkeit und Ähnliches mehr.

Übung

Vielleicht können Sie beim Lesen einmal kurz innehalten und versuchen, ausschließlich einzuatmen. Halten Sie über mehrere Atemzüge die Ausatmung so gering wie möglich und versuchen sie so viel wie irgendmöglich einzuatmen. Sie werden nach einigen Atemzügen spüren, dass die Übung auf Dauer nicht möglich ist. Atmen Sie dagegen immer wieder vollkommen aus, erweitert sich Ihr Atemvolumen automatisch.

Durch die Ausatmung bestimmen wir die Menge Sauerstoff, die wir bereit sind zu verwalten. Wir treffen tatsächlich eine Entscheidung, selbst wenn diese nicht immer ganz bewusst getroffen wird, denn jedem Mensch steht es frei, sein Atemvolumen zu erweitern.

Es ist eine allgemein anerkannte Tatsache, dass eine Vergrößerung des Atemvolumens bessere Gesundheit garantiert. Mehratmung verspricht bessere Versorgung der einzelnen Zellen und dadurch höhere Leistungsfähigkeit, verminderte Krankheitsanfälligkeit und bewirkt ein insgesamt gesteigertes Lebensgefühl. Dennoch gibt es viele Menschen, die so flach atmen, dass sie sich permanent in einem Mangel halten, ihren Körper unterversorgen und übersäuern. Wenn sie anhand von körperlichen Symptomen ihren Mangel bemerken, meinen sie fälschlicherweise, tiefer einatmen zu müssen.

Es gibt die Möglichkeit, an eine Trägersubstanz gebundenen Sauerstoff oral einzunehmen, um so eine bessere Zellversorgung zu garantieren. Das ist eine sehr konstruktive Hilfe für kranke und gebrechliche Menschen, aber wäre es für Gesunde nicht sinnvoller, zunächst die nahe liegende Lösung zu suchen, nämlich mehr auszuatmen?

Die Kunst des Gebens

Wirklich zu geben setzt eine Grundhaltung von Fülle voraus, so wie wir beim Atmen niemals Zweifel haben, dass die vorhandene Menge Luft begrenzt sein könnte. In der Natur erkennen wir eine vollkommene Balance des Gebens und Nehmens, wenn der Mensch nicht zerstörerisch eingegriffen hat. Die ausgeatmete Luft der Tier- und Menschenwelt wird zur einzuatmenden Luft der Pflanzenwelt und umgekehrt. Beide Systeme sind voneinander abhängig und geben und nehmen völlig selbstverständlich.

Ausbalanciertes Geben kann wie ausbalanciertes Atmen zu einer regelrechten Lebensphilosophie werden.

Vergegenwärtigen wir uns aber zunächst den »Ist-Zustand«: Vielleicht befürchten wir, wir hätten nichts zu geben, oder das, was wir geben könnten, wäre nicht sonderlich wertvoll. Wir meinen geben zu müssen, statt geben zu wollen, verwechseln geben damit, andere befriedigen zu müssen, oder wir geben anderen das, was wir uns selbst vorenthalten.

Wir geben oft unausgewogen, entweder um den Bildern unseres Idealisierten Selbst zu entsprechen oder weil unsere Fähigkeit, etwas zu geben, durch Schattenaspekte getrübt ist. In diesen Bereichen sind überall Verzerrungen möglich, die wir durch unsere vorgenommenen Identifikationen schaffen und als deren Folge Opfergefühle entstehen.

Zu geben richtet sich sowohl nach innen als auch nach außen. Wir begegnen hier wieder der Balance zwischen Ich- und Wir-Erfüllung. Großzügigkeit im Geben uns selbst gegenüber lässt uns auch großzügig unseren Mitmenschen gegenüber sein. Geben wir ausschließlich anderen, verdrängen wir den Teil in uns, der Bedürfnisbefriedigung braucht, in den Schatten. Er erscheint dann in uns gefälligerer Form, durch Abwehrmechanismen verzerrt, wieder in unserem System, und wir fühlen uns bald als sein Opfer.

Dazu wieder ein Beispiel:

Gerda, eine 60-jährige Frau und Tochter einer Pfarrersfamilie, sah es als ein hohes Ideal an zu geben. Sie hatte ein stark ausgeprägtes Idealisiertes Selbst einer gebenden Person erschaffen und versuchte diesem zu entsprechen. Sich selbst gegenüber verhielt sie sich eher lieblos und geizig. Sie opferte sich für ihren Mann und ihre Kinder auf, bemühte sich, all deren Erwartungen zu erfüllen.

Sie verwendete häufig die Wörter »kümmern« und »müssen«: »Ich muss mich noch um diese Person, dieses Anliegen *kümmern*.« Öfter ließ sie auch den Satz aus der Bergpredigt »Geben ist seliger denn nehmen« einfließen.

Sie tat das alles in der ihr unbewussten Haltung von heimlicher Überlegenheit. Ihre unausgesprochene Aussage war: Ich bin ein guter Mensch, ich kümmere mich um alle anderen, denen es schlecht geht, die arm sind. Dies alles war Folge ihrer vorgenommenen Identifikationen mit den Stammesidealen ihrer Herkunftsfamilie.

Gleichzeitig begann sie heimlich zu kaufen, häufte Dinge an, die sie nie brauchen würde. Zunächst waren es irgendwelche Sonderangebote, preisreduzierte Kleidung oder andere Alltagsdinge. Im Laufe der Zeit kaufte sie immer wahlloser und verschloss die gekauften Sachen in ihrer Wohnung. Sie erlaubte sich nicht, die Dinge, die sie ja eigentlich für sich selbst gekauft hatte, für sich zu nutzen. Ab und an machte sie großzügige Geschenke aus ihrem Fundus – aber nicht wirkliche Geschenke: Sie beugte damit nur ihrer »Erstickung« vor und schaffte zyklisch Platz, um Neues kaufen zu können.

Während der Jahre entwickelten sich ihre Lösungsstrategien in krankhafter Weise. Ihr »Kümmern« um andere bekam eine sehr übergreifende und verletzende Seite. Sie begann sich in die Belange anderer Menschen grenzüberschreitend einzumischen, glaubte alles besser zu wissen und schaffte Abhängigkeiten. Gerda forderte heimlich und offen Unterstützung ein, mit der unausgesprochenen Botschaft »Das steht mir zu, nach alldem, was ich für andere getan habe«.

Ihre mangelnde Eigenliebe und ihre vorgenommenen Identifikationen verboten ihr, ihre vorhandenen liebevollen und fürsorglichen Fähigkeiten für sich selbst zu nutzen. Stattdessen brach ihr berechtigtes Anliegen nach Befriedigung in immer destruktiverer Weise aus ihr heraus, indem die Appelle an ihre Umgebung zunahmen, während sie sich mehr und mehr verwahrlosen ließ.

Vielleicht dachte sie: Wenn es mir genauso schlecht geht wie denen, um die ich mich gekümmert habe, dann »kümmert« sich auch jemand um mich.

Mögliche Verzerrungen beim Geben und Nehmen

Tragische Fälle dieser Art sind leider relativ häufig zu beobachten, und die betroffenen Menschen ziehen dabei seltenst in Betracht, dass der Hintergrund dafür ihre großen Probleme mit dem Geben sind. Diese Menschen werden zum Opfer ihrer selbst geschaffenen Idealisierung. Sie werden auf ihrem Weg lernen müssen, sich zunächst selbst zu versorgen, sich selbst liebevoll zu nähren und ihre Angst zu überwinden, für egoistisch gehalten zu werden. Andere dagegen haben Schwierigkeiten, den Wert dessen zu erkennen, was sie zu geben haben. Sie glauben, wahres Geben müsse schwer fallen, geht es leicht und selbstverständlich, messen sie ihm keinen Wert bei. Auch sie tun sich schwer, anzunehmen, denn wenn sie, bedingt durch ihre Selbstwahrnehmung, meinen, wenig zu geben, werden sie selbst auch wenig annehmen.

Wieder andere wähnen sich selbst so in Armut, dass sie überhaupt nicht auf die Idee kommen, etwas von sich in die Welt zu geben. Würden sie etwas geben, fürchten sie die völlige Substanzlosigkeit. Erst müsste ihnen einmal gegeben werden, dann, so meinen sie, könnten auch sie geben. Da das Volumen des Gebens aber das Volumen des Nehmens bestimmt, tritt dieser Fall nie ein.

All diese und weitere mögliche Unausgewogenheiten im Bereich des Gebens und Nehmens ziehen so lange Opfergefühle nach sich, bis die Ursache und damit die Lösungsmöglichkeit in der eigenen Person erkannt wird.

Die Fähigkeit zu geben und zu nehmen wird der männlichen und weiblichen Energie zugeordnet. Konflikte in diesem Bereich machen deswegen auch auf eine Disharmonie in der Personenschaft aufmerksam.

Übungsteil

Versuchen Sie 20 Atemzüge lang so viel wie möglich zu nehmen/einzuatmen und so wenig wie möglich zu geben/auszuatmen. Stellen Sie sich dabei vor, nur die Einatmung sei wichtig, messen Sie der Ausatmung keine Bedeutung bei.

➤ Beobachten Sie, was in Ihnen geschieht.
➤ Lassen Sie sich möglichst viele Argumente einfallen, warum dies eine gute Entscheidung sein könnte.

Praktizieren Sie die gleiche Übung umgekehrt, in dem Sie sich nun auf die Ausatmung konzentrieren.

Lassen Sie Erinnerungen aus Ihrer Kindheit zu.

➤ Wie wurde das Geben, wie das Nehmen bewertet?
➤ Betrachten Sie diese Frage bei den verschiedenen Familienmitgliedern.

Wie erleben Sie bei sich selbst die Balance des Gebens und Nehmens?

➤ Was gestehen Sie sich nicht zu?
➤ Was, glauben Sie, ist die Ursache dafür?
➤ Wie fühlen Sie sich dazu?

Wenn es Ihnen schwerer fällt zu geben: An wen richten Sie die Erwartung, er/sie möge Sie versorgen?

Lassen Sie Ihre Assoziationen zu dem Satz aus der Bergpredigt »Geben ist seliger denn nehmen« zu.

Wie Opfergefühle wirken

Opfergefühle wirken sich ganz allgemein ich-schwächend aus. Durch die Identifikation mit der meist real erfahrenen Verletzung entwickelt sich die Haltung, nichts oder nur wenig zur Lösung der zugrunde liegenden Lebensumstände beitragen zu können. Die betroffene Person begreift sich als hilflos angesichts ihrer Lebensbedingungen.

Opfergefühle können auf kleine Bereiche des Lebens bezogen sein oder das gesamte Lebensgefühl umfassen. Sie gehören offenbar untrennbar zum menschlichen Sein und sind kaum vermeidbar. Die meisten Menschen finden sich irgendwann im Leben in ihnen wieder, denn die menschliche Fähigkeit zur Erkenntnis umfasst immer nur einen begrenzten Blickwinkel des Ganzen. Deshalb gibt es in jeder menschlichen Biografie Bereiche, in denen die bestimmenden Ursachen und die daraus resultierenden Einstellungen nicht erkannt werden. Der Mensch fühlt sich dann dem Leben als einer größeren Gesetzmäßigkeit ausgeliefert und entwickelt somit Opfergefühle.

Die Lösung soll von außen kommen

Wer sich als Opfer empfindet, hält sich selbst nicht für den Verursacher und darum auch nicht für den Verantwortlichen der eigenen Situation. Warum also Kräfte mobilisieren, um einen Zustand zu beeinflussen, der nicht dem eigenen Verantwortungsbereich unterliegt? Man braucht diese Kräfte ja, um die Umwelt zur Veränderung zu manipulieren und sie zu überzeugen, dass *sie* helfen muss (und ganz leicht helfen kann, wenn sie es nur wollte). Das Opfer erwartet und erhofft also eine Lösung von außen, denn wenn ein anderer »Erleichterung« schaffte, entspräche dies dem inneren Gerechtigkeitsempfinden des Opfers.

Opfergefühle bewirken Gefühle der Hilflosigkeit

Das Gefühl eigener Hilflosigkeit ist wohl jedem Menschen auf individuelle Weise vertraut, und gerade dieses ungeliebte Gefühl hält die notwendigen Informationen bereit, eigene Opfergefühle zu erkennen. Hilflosigkeit kann sich als »ohnmächtiger« oder auch »gerechter« Zorn oder aber als ein Zustand der Resignation äußern.

Katja und Siegbert kamen als Paar zu mir in die Beratung. Sie hatten sich vor drei Jahren kennen gelernt. Als sie mich aufsuchten, beschäftigte sie die Überlegung, ob sie zusammenziehen wollten. Siegbert äußerte neben seinem Wunsch, die Beziehung durch das gemeinsame Leben zu vertiefen, auch starke Bedenken, deren Klärung beide sich durch die Beratung erhofften.

In der Biografie von Katja war die Trennung ihrer Eltern von großer Bedeutung, die sie als schmerzhaft und verunsichernd erlebt hatte. Sie fühlte sich für diese Trennung verantwortlich, obwohl sie nicht genau begründen konnte, warum. Sie meinte: »Vielleicht bin ich ein sehr schwieriges Kind gewesen ...« Ihre Kindheit war geprägt von einem Loyalitätskonflikt – sie glaubte, sich für einen Elternteil entscheiden zu müssen – und von der Befürchtung, den jeweils abwesenden Elternteil zu verlieren. Ihre kindliche Lösung für diese Situation bestand im Entwickeln von Ängsten – was beide Elternteile veranlasste, auf sie einzugehen – und dem Versuch, die Eltern zu absoluter Pünktlichkeit und Verbindlichkeit zu zwingen oder zu manipulieren. Gaben die Eltern dem nicht nach, reagierte sie mit Weinen, Zorn und Ängsten.

Siegbert dagegen schilderte sein Elternhaus als extrem einengend und überfürsorglich. Seine eigenen Gefühle dazu waren ambivalent. Als Einzelkind genoss er einerseits die Zuwendung seiner Eltern, besonders die seiner Mutter. Als Jugendlicher litt er jedoch darunter, dass ihm kein ausreichender eigener innerer und äußerer Raum gewährt wurde. Seine Lösung bestand im geschickten Erfinden kleiner Notlügen und in Manipulationen, um sich diese Freiräume zu verschaffen. So konnte er den Kontrollversuchen seiner Mutter entgehen.

Trotz der unterschiedlichen Vorgeschichten wurde die Bereitschaft beider Partner deutlich, auf die Probleme des anderen einzugehen und die eigene Beteiligung zu erkennen. Ihr Umgang miteinander war liebevoll. Die aktuelle Problematik beschrieben beide dennoch völlig unterschiedlich:

Siegbert fürchtete, durch Katja eingeengt zu werden und seine Hobbys aufgeben zu müssen. Schon früher hatte er ihretwegen oft auf seinen Sport verzichtet. Seine Freundin reagierte auf seinen Wunsch, etwas alleine zu unternehmen, mit starker Verunsicherung bezüglich ihres eigenen Wertes als Partnerin und des Wertes ihrer Beziehung insgesamt. Dies drückte sie durch Weinen und Vorwürfe aus. Würden sie jetzt zusammenziehen, würde sie ihn womöglich noch mehr einengen.

Katja schilderte die Situation völlig anders:

Sie erzählte, noch nie habe sie so souverän das Freiraumbedürfnis eines Partner berücksichtigt wie in dieser Beziehung. Sie habe zwar bereits öfter vor diesem Problem gestanden, aber bedingt durch ihre eigene innere Entwicklung erlebe sie sich jetzt als großzügiger und verarbeite auch ihre Verlassenheitsgefühle meistens alleine. Ihr Freund jedoch sei extrem unpünktlich und unzuverlässig in Zeitabsprachen. Manchmal käme er Stunden später als verabredet, und dann sei es ja gerechtfertigt, ihm auch mal ihren Schmerz und ihren Ärger zu zeigen.

Er widersprach ihr hier und meinte, sie bräuchte nicht jedes Mal eine Szene zu machen, wenn er unvorhergesehen einen Bekannten träfe und mit diesem noch kurz etwas trinken gehe. Außerdem verzichte er schon jetzt ihretwegen auf vielerlei. Woraufhin sie ihm wiederum ihren Anspruch auf Pünktlichkeit deutlich machte ...

Bereits hier war klar: Beide Partner reagierten, indem sie die eigene Position verteidigten und rechtfertigten. Beide waren der Meinung, die Ursachen des Konflikts und die Verantwortung für dessen Beseitigung lägen beim jeweils anderen Partner – eines der Kriterien für Opfergefühle. Katja forderte von Siegbert absolute Verbindlichkeit, um sich nicht mit ihren nagenden Verlassenheitsgefühlen, denen sie sich meist hilflos ausgeliefert fühlte, auseinander setzen zu müssen. Er wiederum forderte von ihr absolute Freiheit, um sich nicht seinen Gefühlen der Einengung stellen zu müssen, denen er bisher durch trotziges und verweigerndes Verhalten anderen gegenüber begegnet war. Sie trug ihre Argumente in einem rechtfertigenden, sich verteidigenden Tonfall vor, während er sie fordernd, kämpfend einbrachte.

Beide hatten die Vorstellung, es sei für den anderen jeweils nur ein kleiner Schritt, die Ursachen ihrer Konflikte auszuräumen, selbst aber das eigene Problem nicht bewältigen zu können. Die Lösungen, die ihnen einfielen, waren die gleichen, die sie in ihrer Kindheit praktiziert hatten: trotziges Rebellieren, Ausweichen oder ohnmächtiges Anpassen seinerseits; ihrerseits hilfloser Schmerz, verbunden mit heftigen Ängsten und daraus resultierenden fordernden Manipulationen an den Partner und die Umwelt.

Opfergefühle zeigen sich in hilflos-resignativen oder kämpferisch-trotzigen Reaktionen

Dieses Paar zeigt deutlich die grundlegenden Reaktionsmuster auf Opfergefühle. Bei beiden ist sowohl die hilflos-resignative als auch die kämperisch-trotzige Verarbeitungsweise sichtbar:

Bei Siegbert finden wir die hilflos-resignative Reaktion in seiner Befürchtung, seine Freiräume opfern zu müssen, um Liebe zu erfahren, und die kämpferisch-trotzige in seiner fast zwanghaften Art, sich Freiräume zu schaffen und zu erhalten.

Katja wiederum drückte ihre kämpferisch-trotzige Lösung in ihrem vermeintlichen Rechtsanspruch auf Verbindlichkeit und Pünktlichkeit aus, ihre hilflos-resignative in ihren emotionalen Zusammenbrüchen. So verschieden sich dieses Paar in seinen Reaktionsweisen zunächst äußerte, so war es doch über die vergleichbare innere Haltung verbunden: Beide machten die Hoffnung auf Veränderung vom Verhalten der anderen Person abhängig und empfanden sich als Opfer dieser anderen Person und deren mangelnder Bereitschaft, für sie einzustehen.

Die resignative Reaktionsweise löst Gedanken oder Handlungen aus, die möglicherweise durch folgende Einstellung gekennzeichnet sind: Meine eigenen schwachen Kräfte genügen nicht, um die erforderliche Energie zur Veränderung aufzubringen. Meist sind diese Gedanken von Schmerz und Selbstmitleid begleitet – ein Appell an die Umwelt auf Rettung oder wenigstens Unterstützung. Eng verbunden mit diesen Gedanken sind starke Schamgefühle und Selbstabwertungen. Oft finden wir hier auch Menschen, die sich entweder selber beschuldigen (»Ich bin an allem selber schuld!«) oder aber dazu neigen, über die Schlechtigkeit der Welt, des Partners oder der Eltern zu klagen.

Die trotzig-aggressive Position zeichnet sich dagegen durch das permanente Gefühl aus, um etwas oder gegen etwas kämpfen zu müssen. So investiert dieser Opfertyp eine Menge Energie, um seine Umwelt zur Veränderung zu motivieren. Er tut dies fordernd, nötigend, meist aus der inneren Einstellung heraus, absolut im Recht zu sein. Dieser Kampf hat in der Regel wenig oder nur vorübergehenden Erfolg. Stellt diese Person ihre Erfolglosigkeit fest, wird sie vermutlich versuchen, noch mehr Energie für ihren Kampf zu mobilisieren.

Wie wir bei Katja und Siegbert gesehen haben, können beide Positionen, die trotzig-aggressive wie die hilflos-resignative, ineinander übergehen oder sich ablösen. Für welche der beiden Möglichkeiten sich eine Person entscheidet, hängt davon ab, ob die Person mehr mit ihren inneren männlichen oder weiblichen Persönlichkeitsanteilen in Verbindung steht und wieweit sie empfänglich ist für sozial-kulturelle Vorstellungen und Indoktrinationen. Resignation ist ein nicht integrierter Ausdruck unserer inneren weiblichen Seite. Trotziger Kampf ist dagegen der nicht integrierte Ausdruck unserer inneren männlichen Seite. Wenn beispielsweise ein Mann bei Opfergefühlen seine weibliche Seite ausdrückt und vielleicht weint oder resigniert, hätte er vermutlich mit gewisser gesellschaftlicher Verachtung zu rechnen. Eine zornig-kämpfende Frau würde vielleicht als Mannweib klassifiziert und abgewertet werden. Trotz aller koedukativen Ansätze scheinen weibliche Personen nach wie vor eher zur resignativ-leidenden, männliche hingegen eher zur trotzig-kämpferischen Verarbeitung zu neigen.

Doch so unterschiedlich sich beide Opfertypen der Welt präsentieren mögen, so sind sie doch wie die sprichwörtliche Vorder- und Rückseite einer Medaille. Beide fühlen sich als Opfer einer bestimmten Situation und haben sich vollständig mit ihren Gefühlen identifiziert. Sie haben sie zu ihrer Grundlebenseinstellung gemacht. Das Erleben aktueller Verlassenheitsängste wurde zum Beispiel in Katjas Fall von einem Gefühl des absoluten Verlassenseins abgelöst. Das entsprach ihrer Grunderfahrung der Welt.

Die Ursachen für das Leid werden nach außen projiziert

Die tiefer liegenden Ursachen oder Gesetzmäßigkeiten, welche die Situation erklären könnten, werden weder erkannt noch verstanden. Die »Opfer« benutzen die auf sie einwirkenden Lebensumstände zur Identifikation, nicht als Erfahrung und damit auch nicht als Information. Wer seine Lebensumstände aus dem Gefühl der Identifikation heraus erlebt, betrachtet das Leben als von außen auf ihn einwirkend und sich selbst als diesem Leben ausgeliefert. Daraus ergibt sich die Frage: Was könnte oder sollte die Welt tun, damit es mir besser geht?

Als nicht sonderlich angenehme Erfahrung – das heißt als Information – betrachtet, ergibt sich eine Haltung, die besagt: Mich belastet ein Problem – wie kann ich es meistern? Dieser Denkansatz verhilft zu verstärktem Zugang zu unserem inneren Lösungspotenzial, sodass schon bald die ersten Lösungsideen am Horizont erscheinen können.

Haben wir uns jedoch mit einer Lebenssituation identifiziert, fehlt der innere Beobachter, der die Informationen sammeln, den Überblick bewahren und die Frage stellen könnte: Was kann ich aus dieser Situation lernen? Was hat sie mit mir zu tun? Wie könnte ich diese Informationen nutzbringend in mein jetziges Leben einfügen, um es neu auszurichten? Stattdessen rutschen wir hier in die Position des Kindes, das sich einer äußeren Gesetzmäßigkeit mit ohnmächtigem Zorn oder resignativer Hilflosigkeit ausgeliefert fühlt und auf eine Lösung aus dem Umfeld wartet.

Die destruktive Wirkung des Vergleichens

Es gibt noch einen weiteren wichtigen Prozess, der die emotionale Verstrickung in die Opferposition unterstützt.

Ich habe in meiner Praxis immer wieder erlebt, dass Menschen, die sich mit ihren begrenzten Erfahrungen identifiziert haben, dazu neigen, sich selbst über den Vergleich mit anderen zu definieren. Statt eigene Stärken oder Schwächen zu erkennen und an deren gewinnbringende Nutzung zu denken, erleben sie sich im Vergleich mit anderen als besser oder schlechter. Schneiden sie in ihrem inneren Erleben als besser ab, entstehen Gefühle von Überlegenheit und Macht, stellen sie jedoch fest, dass sie die schlechteren Karten haben, fühlen sie sich unterlegen und reagieren mit Scham und Minderwertigkeitsgefühlen.

Die Position der Überlegenheit

Aus der Überlegenheitsposition entstehen oft Allmachtsgefühle und die Vision, als großer Held oder große Heldin andere retten zu können. Hat nicht unsere Filmindustrie die, analysiert nach diesen Kriterien, sehr aufschlussreichen Figuren des »Superman« oder eines »007« und viele ähnliche mehr geschaffen? Sie sind allen anderen Menschen überlegen, setzen sich für die »Guten« ein, vernichten in letzter Sekunde die »Bösen« und bewahren die Welt vor ihrem Untergang. Dies ist ein sozial sehr anerkanntes und gefördertes Image.

Wünschen wir uns nicht alle in Anbetracht unserer Hilflosigkeit Umwelt- oder Welternährungsproblemen gegenüber das Erscheinen einer Person, die eine leichte, von außen kommende Lösung bringt und uns selber keine Veränderung unserer Gewohnheiten abverlangt? Ist nicht der Aufstieg vieler politischer Tyrannen großenteils durch ihre Behauptung zu erklären, sie hätten eine schnelle, einfache Lösung für die drängenden Probleme ihrer Zeit oder ihres Landes parat? Nüchtern betrachtet wissen wir, dass es äußere Lösungen dieser Art nicht geben kann, aber hegen wir nicht dennoch die heimliche Hoffnung, es möge eine höhere Ordnung eingreifen und Lösungen in Bereichen anbietet, denen wir uns ohnmächtig ausgesetzt fühlen?

Nicht zuletzt diese Hoffnung ist es, die Menschen veranlasst, eine Therapie zu beginnen. Oft schon habe ich solchen Menschen gegenübergesessen und diese Erwartung gespürt, bis hin zu der kindlichen Vorstellung, ich könnte sie verstehen, ohne dass sie sich mitteilen müssten.

Die Versuchung zu retten

Es stellt auch eine sehr große Versuchungen dar, sich selber im Glauben zu wiegen, überlegen zu sein, Lösungen für andere zu finden und zu hoffen, dadurch auch das eigene innere Wertgefühl steigern zu können.

Gerade aber Therapeuten, Ärzte, Sozialarbeiter und andere »Helfer« der Menschheit werden irgendwann zur Einstellung kommen müssen, dass sie bestenfalls die sich ihnen anvertrauenden Menschen inspirieren können, mit ihren eigenen Kraftquellen Verbindung aufzunehmen und sich letztlich selbst zu helfen. Diese innere Einstellung scheint mir gerade in unserer Zeit dringend notwendig, auch wenn sie nicht leicht zu erlangen ist, verlangt sie doch, auf Über- oder Unterlegenheit zu verzichten und stattdessen Gleichwertigkeit herzustellen.

Menschen, die sich in diesem Zusammenhang anderen gegenüber überlegen fühlen, sind selten, oft nur in einschneidenden Krisen in der Lage, Gefühle von Hilflosigkeit oder Ohnmacht bei sich zu erkennen – zu sehr ist ihr Augenmerk darauf gerichtet, diese Gefühle kompensatorisch bei anderen auszumerzen.

Die Position des Unterlegenen

Kommen Menschen bei ihrem Versuch, sich über das Vergleichen mit anderen zu definieren, in die unterlegene, die »minderwertige« Position, so neigen sie zu Selbstabwertung. Sie befürchten, nicht in Ordnung zu sein, und geraten in den Sog von Scham- und Schuldgefühlen und anschließenden Bestrafungsversuchen. Aus ihren Ohnmachtsgefühlen heraus sprechen sie sich ihre Fähigkeit zur Selbstheilung ab und richten stattdessen einen ständigen »Unterstützungsappell« an andere.

Dieser Prozess wird gut am geschilderten Paarbeispiel sichtbar. Katja beschrieb ausführlich, was sie schon alles getan habe, um sich zu verändern. Daran ist zu erkennen, dass sie in Wirklichkeit davon überzeugt war, »anders« sein zu müssen. Sie durfte keine Verlassenheitsgefühle oder Ängste haben, weil sie sonst eben nicht »in Ordnung« sei. Darum hatte sie in ihrem Leben viele erfolglose Versuche unternommen, sich zu verändern, die problematische Schwachstelle sozusagen mit der Wurzel auszureißen, um dann ohne dieses Problem keinerlei Schwierigkeiten mehr in ihrer Paarbeziehung zu haben. Ihr Glaubenssatz beschränkte sich darauf: »Wenn mir die Traumata der Kindheit erspart geblieben wären, hätte ich keine Verlassenheitsgefühle.«

Aus unseren Gesprächen wurde klar, dass sie sich selbst nicht recht mochte und daher die von ihr empfundenen Mankos zu verbergen suchte. Dies hing mit ihrem negativen Selbstbild zusammen, das sich durch Schamgefühle und ständige Selbstabwertungen ausdrückte. Sie fühlte sich anderen Frauen gegenüber meist unterlegen und im Kontakt mit ihnen fand sie schnell heraus, ob eine andere Frau ein ähnliches Problem hatte. War dies nicht der Fall, brach sie schnell den Kontakt ab, weil sie sich nun vollständig unterlegen fühlte. Hatte aber eine ihrer Bekannten ein vergleichbares Muster aufzuweisen, ging sie in eine enge Beziehung zu ihr und versuchte, durch ihr erlerntes

Wissen der anderen Person zu helfen, ihre Probleme zu überwinden. Sie wechselte also in diesen Fällen über in die Retterposition.

Katja machte also einerseits ihre Eltern für ihre Verlassenheitsängste verantwortlich und forderte von ihrem Partner, die Wunde nicht zu berühren, indem er auf ein eigenes Leben verzichtete, »therapierte« andererseits in ihrem Bekanntenkreis diejenigen, denen es schlechter ging als ihr. Personen, denen sie sich unterlegen fühlte, mied sie. Oder sie versuchte zumindest, deren Fehler herauszufinden.

Siegbert hingegen kämpfte gegen die von ihm häufig erlebten vermeintlichen Einschränkungen. Auch er sah die Ursachen für seine mangelnde innere Balance im Verhalten seiner Eltern und forderte von seiner Partnerin Verständnis dafür und liebevolles Gewährenlassen. Bis zum Zeitpunkt der Therapie war er noch nie auf die Idee gekommen, dass es an ihm selbst läge, seine Freiheitsbedürfnisse in neuer und liebevollerer Weise in die Beziehung zu integrieren. Sobald er sich eingeengt fühlte, beendete er eine Beziehung, in der Hoffnung, eine neue, seinen Erwartungen mehr entsprechende Partnerin zu finden.

Dieses Fallbeispiel scheint mir durchaus repräsentativ zu sein für sehr viele Beziehungen und für die Art, wie Opfergefühle im Leben Einzelner und in Beziehungen wirken und wie sie Wohlbefinden verhindern.

Übungsteil

Fühlen Sie sich eher dem trotzig-kämpferischen oder eher dem hilflos-resignativen Verarbeitungstyp zugehörig? (Beide Positionen können sich abwechseln. Versuchen Sie dabei Ihr Hauptreaktionsmuster zu erkennen.)

Wenn Sie mehr zur trotzig-kämpferischen Haltung tendieren:

➤ Wogegen richtet sich Ihr Kampf?
➤ Welcher Mittel bedienen Sie sich, um Ihren Kampf zu gewinnen?
➤ Was ist Ihre innere Legitimation für diesen Kampf?
➤ Wie fließt Ihrer Meinung nach Ihre Haltung in Ihre Beziehungen ein?

Wenn Sie mehr zur hilflos-resignativen Haltung tendieren:

➤ Von wem erhoffen Sie Unterstützung?
➤ Welcher Mittel bedienen Sie sich, um diese zu erhalten?
➤ Was, glauben Sie, fehlt Ihnen, um sich selbst zu helfen?
➤ Wie fließt Ihrer Meinung nach Ihre Haltung in Ihre Beziehungen ein?

Kennen Sie sich auch in der Retterposition?

➤ Welche Menschen lösen Ihre »Retterimpulse« aus?
➤ Ist es Ihnen schon gelungen, eine andere Person zu »retten«?

Opfergefühle und Kommunikation

Kommunikation geschieht auf vielerlei Weise und auf vielen verschiedenen Ebenen. Wir kommunizieren über Sprache, Stimmfrequenz, Mimik und sonstige muskuläre Reaktionen und natürlich über Taten.

Vor allem ist die verbale von der nonverbalen Kommunikation zu unterscheiden. Während gesprochene Worte zu einer relativ klaren Botschaft führen, tragen die nicht gesprochenen, aber dennoch über unsere Körpersprache vermittelten Botschaften genauso entscheidend zum Prozess der Kommunikation bei.

Jeder Mensch macht seine Einstellungen zum Leben und zu sich selbst in seiner Kommunikation sichtbar. Meist geschieht dies ohne bewusste Auswertung des verbal oder nonverbal Gesagten.

Kommunikation transportiert Energien von Freude, Ärger, Lust, Leiden und jedes anderen emotionalen Zustandes. Kommunikation lässt uns teilhaben an den Prozessen, mit denen ein Mensch zu tun hat.

Der kommunikative Einfallsreichtum ist schier unerschöpflich, und so ist es weder leicht festzustellen, welche Botschaft wir gerade aufgenommen haben, noch ist uns immer klar, was wir selbst als Botschaft aussenden. Auch Opfergefühle werden meist selbstverständlich, unreflektiert und in Unwissenheit über die Konsequenzen in Kontakt gebracht.

»Warum gerade ich?«

Opfergefühle lassen uns, wie bereits ausgeführt, glauben, zu den Benachteiligten zu gehören, denen noch etwas zusteht. Diese Überzeugung fließt in jede Form des Kontaktes ein, könnte es doch genau *dieser* Kontakt sein, der die gewünschte Kompensation für das vermeintlich erlittene Unrecht bringt. Deswegen ist es in dieser Hinsicht sogar notwendig, die Opfergefühle einen Teil des Kontaktes bestimmen zu lassen.

Besonders auffallend sind hier Fragen, die sich mit dem Warum beschäftigen:

»Warum gerade ich?«

»Warum musste es mir so ergehen?«

»Warum konnte ich keine besseren Eltern haben?«

»Warum hast du mir das angetan?«

Diese »Warum-gerade-ich?«-Fragen versuchen einerseits die Ursachen für die Opfergefühle herauszufinden und die dahinter stehende Gesetzmäßigkeit zu erkennen. Andererseits drücken sie oft tiefe Zweifel am Sinn einer gemachten Erfahrung aus. Sie enthalten den Wunsch, die Lebensgeschichte umzuschreiben, um die schmerzhafte Erfahrung ungeschehen zu machen.

Eine meiner Klientinnen, die 68-jährige Frau Friedmann, neigte dazu, ein für sie schmerzhaftes Erlebnis, eine Missbrauchserfahrung in der Kindheit, wieder und wieder zu erzählen. Sie selbst nahm die ständige Wiederholung im Gespräch gar nicht wahr. Als ich sie auf die zwanghafte Wiederholung aufmerksam machte, war sie zunächst erstaunt, erkannte dann aber diese Tatsache.

Ich fragte sie, was sie sich davon wohl verspreche.

Sie antwortete: »Wenn ich nur verstehen könnte, warum sie es getan haben!«

Daraufhin bat ich sie, mir mitzuteilen, wie das Verstehen des »Warum« ihr Leben verändern könne. Sie gab mir keine direkte Antwort, sondern führte aus, dass Eltern ihrem Kind so etwas nicht antun sollten.

Die Eltern von Frau Friedmann waren längst verstorben, doch sie schilderte diese 55 Jahre zurückliegende Erfahrung so voller Wut und Schmerz, als habe sie sie gestern erlitten. Mit ihrer Frage nach dem Warum verband sie die verzweifelte Hoffnung, durch Erkennen und Verstehen der

Ursachen könne sich etwas in ihrem Leben verändern. Meiner Erfahrung nach ändert sich durch Erkenntnis allein noch nicht viel. Sie kann nur ein einleitender Schritt zur eigentlichen Veränderung sein.

Frau Friedmann entsprach dem trotzig-kämpferischen Verarbeitungstyp. Ihre Wortwahl war aggressiv-anklagend und ihre Körpersprache sagte: »Ich werde nie wieder jemanden an mich heranlassen, die Welt ist ein verletzender Ort.« Sie wirkte dabei auf mich wie ein Igel in Verteidigungsstellung, eingerollt und die Stacheln aufgestellt.

Ich beobachtete in ihrer Gegenwart zweierlei Reaktionen bei mir: Einerseits hatte ich das Gefühl, ihr etwas zu schulden, andererseits wurde ich ärgerlich. Die zweite Reaktion wurde mir – weil ich mich als eine gute, geduldige und annehmende Therapeutin beweisen wollte – meistens erst beim Reflektieren der Stunde bewusst.

Wenn ich ihren Erwartungen nicht entsprach, versuchte sie mich zu entwerten und stellte meine Qualifikation in Frage. Dies tat sie direkt mit Fragen nach meinen Ausbildungen oder ob ich eine Supervision hätte, indirekt, indem sie mir mitteilte, ihre frühere Therapeutin habe sie in diesem Punkt besser verstanden.

Aufgrund ihrer Identifikation mit ihren Opfergefühlen fühlte sich Frau Friedmann berechtigt, attackierend und anklagend zu kommunizieren. Sie wirkte erstaunt, wenn ich sie mit ihrer Wirkung auf mich konfrontierte.

Dagegen entsprach Paul mehr dem hilflos-resignativen Opfertypus. Sein Leben war von einem permanenten Hungergefühl bestimmt. Sein Fokus war darauf ausgerichtet, dass er vom Leben nicht genug bekomme. Sein Verhalten war nett, angepasst und manipulativ.

Paul fragte nicht offen, wenn er etwas von mir wollte, stattdessen ließ er lange Pausen in den Gesprächen entstehen, in denen er mich erwartungsvoll anschaute. Wünsche an mich drückte er stets indirekt aus, meist verbunden mit einem Lob. Seinen Wunsch nach einer Körperbehandlung äußerte er beispielsweise so:»Ihre Körperbehandlung vom letzten Mal hat mir so gut getan, es ging mir einen ganzen Tag besser!« Er idealisierte mich, sich selber wertete er ab als hilflos und inkompetent.

Seine nonverbale Aussage an mich war:»Ich bin im Leben zu kurz gekommen, ich mag dich, wenn du dafür sorgst, dass ich glücklich bin – tu du es für mich.« Sein Körper wirkte kraftlos, seine Atmung war flach. Er schien immer etwas müde und erschöpft zu sein. Mir drängte sich öfter der Vergleich mit einem hungrigen Vögelchen auf, das seinen Schnabel aufsperrt, in der Hoffnung, dass jemand vorbeikomme, der ihm einen schönen, fetten Wurm hineinstopft.

Auch hier wurden mir meine eigenen Reaktionen bewusst. Ich war bei ihm immer in Gefahr, Stunden zu überziehen, ihn nicht zu fordern, sondern auf seine Erwartungshaltung einzugehen. Durch seine manipulative Anerkennung fühlte ich mich zunächst geschmeichelt und wertvoll, tappte ich aber in die Retterfalle, fühlte ich mich nach den Stunden mit Paul ausgelaugt und erschöpft.

Die Forderung »Gib mir etwas« drückt sich vielfältig aus

Die Kommunikation von Menschen mit Opfergefühlen variiert von aggressiven, fordernden Schuldzuweisungen, die ihr Gegenüber zurückweichen lassen, bis hin zu manipulativen Schmeicheleien, die Hilfsangebote und Rettungsaktionen zur Folge haben sollen.

»Ich hab doch nur mal gefragt«, sagt der eine mit tränenumflortem Blick, wenn man etwas nicht für ihn tun will. Der andere gleicht einem drohenden Vulkan und scheint nur auf den passenden Moment zu warten, um seine kochende Lava auszugießen. Manche erinnern an eine scharfe Bombe, die bei der geringsten unsachgemäßen Berührung zu explodieren droht. Und der misstrauische Typ denkt im übertragenen Sinne: »Auch du, mein Sohn Brutus«, wenn der andere endlich den erwarteten Fehler gemacht hat.

An unserem Unbehagen können wir erkennen, wenn wir Menschen mit aktiven Opferbotschaften gegenüberstehen. Wir fühlen uns in ihrer Schuld, bezweifeln, ob wir alles und, wenn ja, das Richtige gegeben haben. Wir wollen sie retten und fühlen uns erfolglos darin. Und wir möchten ihnen ausweichen, um dieser vermeintlichen Bringschuld zu entgehen.

Kommunikationstyp »Scharfe Bombe«

Opfergefühle anderer sind in der Kommunikation relativ leicht zu erkennen. Aber wie ist es mit unseren eigenen Opfergefühlen? Sie finden sich praktisch bei jedem Menschen und jede Person lässt die ihren – mehr oder weniger bewusst – in die Kommunikation einfließen.

Wie erkenne ich eigene Opfergefühle?

Es ist gar nicht so einfach, eigene Opfergefühle zu erkennen, da sie mit heftigen Scham- und Hilflosigkeitsgefühlen belegt sind. Daher werden sie gerne verdrängt und eher bei anderen als bei uns selbst entdeckt.

Am leichtesten erkennen wir eigene Opfergefühle noch an unserer Wortwahl. Beispielsweise sagte Frau Kaiser, die glaubte, ihrem Mann nie vergeben zu können: »Ich kann dir nie wieder trauen, denn du kannst mir nicht die Sicherheit geben, dass du es nie wieder tun wirst!« Sie war fest davon überzeugt, dass ihre Fähigkeit zu vertrauen durch das Verhalten ihres Mannes hergestellt werden könnte.

Die Informationen in unserer Wortwahl können uns den gewünschten Aufschluss über eigene Gefühlszustände liefern. Psychologisch geschulte Menschen neigen dazu, ihre Wortwahl zu »säubern«, anstatt sich den die Wortwahl bedingenden Ursachen zu stellen. Es ist immer sinnvoller, in der Kommunikation »Fehler« zu machen und bereit zu sein, aus ihnen zu lernen, als eine perfekte, aber unangreifbare Kommunikation zu führen und nicht daraus zu lernen.

Das Beharren auf der bloßen Frage »Warum ist *mir* das passiert?« beinhaltet keine wirklich nützlichen Erkenntnisse. Sie spiegelt fast ausschließlich unseren Wunsch, die Erfahrung ungeschehen zu machen. Erst der Schritt, sich zu fragen: »Was habe ich aus der Erfahrung gelernt? Welche Informationen kann ich ihr entnehmen?«, kann der Beginn eines Integrationsprozesses sein.

Als Nächstes können wir unsere Gefühle von Hilflosigkeit nutzen und nachprüfen, von wem wir die er-
wünschte Hilfe erwarten und wie wir sie bereits jetzt ein-
fordern.

Sich Opfergefühle zugestehen

Es ist sehr wichtig, sich selbst die Erlaubnis zu geben,
Opfergefühle haben zu dürfen, um dadurch wachsen zu
können. Sonst beginnen wir, statt in aller Unschuld unsere
Opfergefühle auszudrücken und Hilfe zu fordern, uns abzuwerten, weil wir feststellen, dass wir eben nicht perfekt
sind. Abwertung ist eine der Türen in die Opfergefühle hinein.

Wir nutzen also den bewussten Ausdruck unserer Opfergefühle, um Informationen über uns zu bekommen, und
geben uns die Erlaubnis festzustellen, wie wir es machen,
dadurch die erhoffte Unterstützung zu erhalten.

Die Manipulation erkennen

Erheben wir eine Forderung, verbunden mit einem
Rechtsanspruch? Schwächen wir uns selbst so sehr, dass
die andere Person nicht umhinkann, das Gewünschte für
uns zu tun? Manipulieren wir durch Anpassung oder Verweigerung? Vielleicht isolieren wir uns, um bei Fantasien
von eigenem Tod und Beerdigung uns auszumalen, wie unser soziales Umfeld plötzlich realisiert, dass es uns nicht
wertgeschätzt, nicht unterstützt, nicht in der richtigen
Weise geliebt hat.

Während des Prozesses der bewussten Kommunikation ist es hilfreich sich vorzustellen, ein inneres Theaterstück mit dem Titel »Wie bringe ich andere dazu, mir zu
geben, was sie, wie ich glaube, mir schulden?« aufzufüh-
ren. Die Kunst ist dabei, statt Selbstabwertung Humor und
Selbstakzeptanz in dieses Theaterstück zu bringen. Es

Das Bonusheft für Opfergefühle

kann nützlich sein, in Körperhaltung und Sprache all das offen zu fordern, von dem wir spüren, dass wir es uns vorenthalten. Wir sollten dies nicht nur in wohl gewählten Worten fordern, sondern lieber übertreiben. Wir sollten uns die gewünschten Reaktionen unseres Gegenübers vorstellen, sein Erkennen, seine Schuldgefühle und vor allem seine Wiedergutmachungsangebote.

Geben Sie sich in diesem inneren Dialog bewusst die Erlaubnis, die Ihrer Meinung nach bestehende Schuld der anderen klar zu benennen und daraus resultierende Rechtsansprüche zu formulieren.

Auf diese Weise können Opfer- oder Hilflosigkeitsgefühle zu einer Quelle der Inspiration werden und den Schlüssel zum Weg der Veränderung in sich tragen.

Wann sprechen wir über uns selbst,
wann über andere?

In unserer Kommunikation liegt noch ein weiteres Instrument, unsere Opfergefühle zu erkennen, verborgen: Oft, wenn wir meinen, über uns zu sprechen, sprechen wir eigentlich über eine andere Person.

Sehen wir uns dazu noch einmal das erste Beispiel aus der Einleitung an: Herr Müller, der unsensible Chef, und Frau Fritz, seine perfektionistische Sekretärin.

Das Beispiel geht so weiter, dass Frau Fritz sich abends mit ihrer engen Freundin, Frau Schneider, trifft. Frau Fritz, noch voller Wut auf ihren Chef und die Putzfrau, nutzt die Gelegenheit, um ihre Wut loszuwerden und, so ihre insgeheime Hoffnung, Mitgefühl zu erhalten. Folgendes Gespräch könnte sich ergeben:

Frau Fritz: »Gut, dass wir uns treffen. Stell dir vor, was ich heute erlebt habe!«

Frau Schneider: »Was ist passiert?«

»Herr Müller hat mal wieder vom Leder gezogen. Macht der mich doch schon wieder wegen der Kaffeetassen an! Ich frag mich, ob er jetzt völlig durchgeknallt ist. Als ob das mein Job wäre, zu putzen! Ich schufte dort bis zum Umfallen und der ist nur fähig zu kritisieren!«

»Ja, und was hast du dann gemacht?«

»Was soll ich schon machen, der würde sich nie entschuldigen oder zugeben, dass er ungerecht war.«

Frau Fritz hat während solch eines Gesprächs das Gefühl, von sich selbst zu sprechen, und bei oberflächlicher Betrachtung könnte man zum gleichen Schluss kommen. Genauer analysiert zeigt sich, dass sie viel über Herrn Müller und sein Fehlverhalten sprach, aber wenig über sich. Ihre eigenen Gefühle stehen zwischen den Zeilen, der Zuhörer muss dazu nachfragen oder raten. Eine mögliche Variante des Gesprächs verdeutlicht dies:

»Gut, dass wir uns treffen. Stell dir vor, was ich heute erlebt habe!«

»Was ist passiert?«

»Ich habe mich heute dermaßen über meinen Chef geärgert. Der hat mich wegen der ungespülten Kaffeetassen kritisiert und ich habe mich nicht getraut, mich angemessen abzugrenzen! Das Einzige, was ich mich getraut habe, war, die Tür zuzuknallen. Danach habe ich an meinem Schreibtisch geschmort und auf Rache gesonnen. Ich habe ihn innerlich zur Schnecke gemacht und mich habe ich auch fertig gemacht!«

»Ja, und jetzt?«

»Ich fühle mich so schrecklich hilflos, ich glaube, ich kriege meine Autoritätsängste nie in den Griff.«

In diesem Gespräch spricht Frau Fritz über ihren Ärger, ihre Ängste sich abzugrenzen und ihre heimlichen Rachegelüste. Sie spricht über ihre Hilflosigkeit Autoritäten gegenüber und über ihre Ängste, sich nicht anders verhalten zu können. Im Mittelpunkt ihrer Beschreibung steht nicht wie im ersten Beispiel das vermeintliche Fehlverhalten Herrn Müllers, sondern ihre eigene emotionale Reaktion.

Ich- und Du-Botschaften

Beide Gesprächsbeispiele unterscheiden sich vor allem durch ihre Ich- beziehungsweise Du-Botschaften. Ich- oder Du-Botschaften findet man auf allen Kommunikationsebenen, sowohl im verbalen als auch im nonverbalen Ausdruck, in der Gedankenwelt, in den Worten und Handlungen eines jeden Menschen.

Während Ich-Botschaften etwas über den Sprecher aussagen, beschäftigen sich Du-Botschaften mit dem Verhalten des Gegenübers. Du-Botschaften bilden die Grundlage der meisten Gespräche, selbst wenn Menschen meinen, über eigene Gefühle zu sprechen. Sie lassen den eigenen Standpunkt im Dunkeln und vermitteln somit die Illusion von Sicherheit. Ihre Intention ist es, in Gedanken, Taten oder Worten die Ursache für Verantwortlichkeit aus sich heraus zum anderen hin zu projizieren, um die eigene Person zu schützen. Sie ermöglichen keine wirkliche Nähe, da kein wirklicher Kontakt zwischen den Kommunizierenden stattfindet.

Ich-Botschaften machen den Sprecher sichtbar, aber dadurch auch in gewisser Weise angreifbar. Wenn sie nicht dem Idealisierten Selbst oder der sozialen Maske entspringen, bringen sie Intimität und Kontakt in Beziehungen und ermöglichen dem Empfänger eine klare Wahrnehmung des Senders. Echte Anteilnahme, echte Freundschaft sowie die Wahrnehmung des eigenen Selbst erwachsen ausschließlich aus Ich-Botschaften.

Verschlüsselte Du-Botschaften

Es ist nicht immer einfach, Ich- und Du-Botschaften voneinander zu unterscheiden, denn oft begegnen wir der so genannten verschlüsselten Du-Botschaft: Sie setzt eine Ich-Botschaft vor die eigentliche Du-Botschaft und findet sich in Sätzen wie:

»Ich finde, du solltest anders handeln!«
»Ich fühle mich von dir betrogen!«
»Ich habe mich geärgert, weil du mich vergessen hast.«

Diese Form der *scheinbaren* Ich-Botschaften ist leider sehr gebräuchlich, klare und offene Kommunikation ist dagegen eher die Ausnahme. Es entspricht anscheinend einem in fast allen Kulturkreisen vorhandenen Bedürfnis, sich zu verbergen und die wahren Gefühle, den wahren Standpunkt zu verheimlichen. Es scheint leichter, über das Gegenüber zu sprechen und mit dem Finger auf dessen Blößen zu deuten. Und es scheint auf jeden Fall einen Versuch wert zu sein, die Ursachen für eigene

Missstände an das Gegenüber zu delegieren, in der Hoffnung, keine Energie in deren Veränderung investieren zu müssen.

Du-Botschaften entschlüsseln lernen

Wollen wir uns aber aus der Falle der Opfergefühle befreien und Verantwortung für unser Wohlbefinden übernehmen, kommen wir nicht umhin, auf unsere eigene Kommunikation zu achten und uns die einfache Frage zu stellen: Habe ich eben eine Aussage über mich oder über eine andere Person gemacht?

Wir sollten uns weiterhin in der Kunst der Rückübersetzung üben: Was ist denn die eigentliche Aussage in dem von mir Gesagten?

Manchmal kann es sein, dass uns das, was wir dabei über uns herausfinden, nicht so gut gefällt, aber auf lange Sicht ist es einfacher, mit einer ungeliebten Wahrheit zu leben, als sich als ein Opfer des Lebens und der Menschen zu fühlen.

Wenn wir beispielsweise den Satz »Ich habe mich geärgert, weil du mich vergessen hast« unter der eben beschriebenen Fragestellung näher betrachten, stellen wir fest, dass er über *uns* nur die Aussage enthält: Ich habe mich geärgert. Die Ursache liegt bei einer *anderen* Person. Wenn das erkannt wurde, können wir weiter fragen: Was löst es in mir aus, wenn ich vergessen werde? Erst dann können wir zu einer Erkenntnis der Ursachen kommen, die uns sagen könnte: Wenn ich vergessen werde, fühle ich mich unwichtig. Dieses Gefühl kenne ich in mir, denn ich glaube tatsächlich unwichtig zu sein. Ausgehend von dieser Feststellung, könnten wir sagen: Ich will meinen Ärger an dir festmachen, weil ich glaube, nicht wichtig für dich zu sein, und ich möchte dich dafür bestrafen.

Halten Sie einen Moment beim Lesen inne und spüren Sie, wie die beiden folgenden Sätze auf Sie wirken:

Ich habe mich geärgert, weil du mich vergessen hast.
Ich will meinen Ärger an dir festmachen, weil ich glaube,
nicht wichtig für dich zu sein.

Im ersten Satz ist spürbar, wie der Sprecher dem Empfänger die Schuld für seinen Ärger gibt, während der zweite Satz eine Aussage über den Sprecher selbst macht.

Die Ebene unseres Idealisierten Selbst, auf der wir sozial akzeptabel, erfolgreich, kompetent und fehlerlos erscheinen wollen, bedient sich grundsätzlich der Du-Botschaft, wenn sie sich mit Aspekten konfrontiert sieht, die diesem Idealisierten Selbstbild nicht entsprechen.

Es gehört zum Wesen von Schuldzuweisungen, dass sie in Du-Botschaften ausgedrückt werden. Du-Botschaften stellen den Versuch dar, die Ursachen eines Gefühls bei einer anderen Person zu suchen. Ein Versuch, der bestenfalls vorübergehenden Erfolg hat, denn wie ein Bumerang immer zur aussendenden Person zurückkehrt, so sind wir auch unseren Gefühlen immer wieder ausgesetzt, bis wir beginnen, sie in unsere Verantwortung zu nehmen, und wir uns auf den Weg der Neuausrichtung machen.

Es geht bei dieser Neuausrichtung nicht darum, keine so genannten Fehler mehr zu machen, sondern um die innere Haltung, Fehler machen zu dürfen und die in ihnen verborgenen Informationen zu erkennen. Immer wieder begegnen mir Menschen, die ihr Wissen um Kommunikation nutzen, um noch perfekter in ihrem Ausdruck zu werden. Dies führt jedoch nur zur Verfeinerung der sozialen Maske und nicht zur gewünschten inneren Selbsterkenntnis und Versöhnung. Erstrebenswerter ist es, die Wortwahl in ihrer Spontaneität zu lassen, selbst wenn sie Du-Botschaften, Opfergefühle und Schuldzuweisungen transportiert. Dadurch wird es dem Sender erst möglich, sich selbst zu erkennen, sich mit eigenen Inhalten auseinander zu setzen, um die eigene Wahrheit und damit Wachstumsmöglichkeiten darin zu finden.

Du-Botschaft	verschlüsselte Du-Botschaft	Ich-Botschaft
Du hast mich verletzt	Ich fühle mich verletzt von dir	Ich will dich beschuldigen
Du siehst mich nicht	Ich fühle mich nicht gesehen	Ich anerkenne mich nicht
Du machst mir Druck	Ich fühle mich unter Druck gesetzt	Ich lasse mich unter Druck setzen
Ihr könnt mich nicht leiden	Niemand mag mich	Ich glaube, nicht liebenswert zu sein

Übungsteil

Wie würden Sie ein Theaterstück inszenieren mit dem Titel »Wie bringe ich andere dazu, mir zu geben, was ich glaube, dass sie mir schulden?«?

Wie würden Sie das gleiche Theaterstück nonverbal aufführen?

Gibt es in Ihrem Leben »Warum ich«-Fragen?

➤ Wie fließen diese in Ihre Kontakte ein?

Gegen welche Menschen erheben Sie oft Vorwürfe?

➤ Wie drücken Sie diese aus?

Wenn eine andere Person Sie indirekt beschuldigt oder etwas von Ihnen fordert: Wie reagieren Sie?

Wie drücken Sie Ihre Wünsche nach Hilfe oder Unterstützung aus, wenn Sie sich nicht ganz sicher sind, ob die andere Person darauf eingehen wird?

Wie drücken Sie Ihren Ärger aus, wenn Sie Angst haben vor der Reaktion der anderen Person?

Der vermeintliche Gewinn

Sich als Opfer zu empfinden und dieses Empfinden in den Kontakt zu anderen Menschen einfließen zu lassen, bringt einen enormen heimlichen Gewinn. Dabei spielt es keine Rolle, ob die Person tatsächlich von Opfergefühlen betroffen ist oder ob sie die Maske des Opfers gewinnbringend einsetzt.

Der Appell an das soziale Umfeld

Gehen wir durch unsere Städte, begegnen wir in den Fußgängerzonen oder an anderen bevölkerten Orten immer wieder Menschen, die mit dem nonverbalen Satz »Ich bin ein Opfer, du solltest mir helfen, mir etwas geben!« an unser soziales Gewissen appellieren. Wenn wir an ihnen vorbeigehen, können sich uns einige durchaus ambivalente Gedanken oder Gefühle aufdrängen. Vom mitfühlenden Griff zum Geldbeutel, schuldbewussten Abwenden, von offener Verachtung über Gedanken des Besserseins, der Überlegenheit bis zum Helfenwollen begegnen wir allen unseren Einstellungen gegenüber Opfergefühlen.

Opfern von Gewalt oder Missbrauch gilt unser Mitgefühl. Augenblicklich verurteilen wir die Täter selbstgerecht und gnadenlos, im Glauben, selbst moralisch weit über ihnen zu stehen. Dabei wissen wir meist nichts über die Hintergründe, die zu dem gewalttätigen Handeln führten. Menschliche Gedankengänge enden meist im vereinfachenden Dualismus von Gut oder Böse, Schwarz oder Weiß. Das genauere Durchdenken einer Opfer-Täter-Beziehung erscheint dagegen schwierig und schillernd.

Ein Opfer muss keine Opfergefühle entwickeln

Menschen, die beispielsweise Opfer eines Erdbebens, einer Überschwemmung oder einer anderen Naturkatastrophe geworden sind, müssen nicht notwendigerweise Opfergefühle entwickeln. Zwar sind sie Opfer einer unbestreitbaren Katastrophe geworden, haben durch sie beträchtlichen Schaden erlitten, waren vielleicht sogar in Lebensgefahr, haben dabei aber keine persönliche Kränkung empfunden, da Naturkatastrophen nicht mit einer solchen verbunden werden. Deswegen identifizieren sie sich auch nicht mit dem Erleben. Sie machen kein lebensgestaltendes Prinzip daraus.

Sich als Opfer zu fühlen erfordert also zunächst, sich durch das Erlebte persönlich gekränkt zu fühlen und sich mit den Schlussfolgerungen aus der Kränkung zu identifizieren. Dadurch entsteht die begrenzte Selbstwahrnehmung, die den Blick auf das eigene Potenzial einengt und sich dadurch als abhängig von der Reaktionsweise anderer empfindet.

Gerade bei Naturkatastrophen, die ganze Landesteile verwüsten und vor keinem Haus Halt machen, wird gut sichtbar, wer sich solchen Erfahrungen hilflos ausgeliefert fühlt und wer sie zwar als schlimme Erfahrung erlebt, sie dann aber annimmt und das Beste aus ihr macht.

Eine meiner Kursteilnehmerinnen, die von einem Hochwasser betroffen war, erzählte, für sie sei das Erstaunlichste und Beeindruckendste die Solidarität in ihrer

Nachbarschaft gewesen. Neben ihrer Sorge wegen der enormen finanziellen Belastung und ihrer Trauer um unwiederbringlich verloren gegangene persönliche Gegenstände sprach sie über die Chance, die für sie darin lag, sich von vielem Alten, Unnötigen befreit zu fühlen. Aber die Dankbarkeit für das reiche Geschenk der Nachbarschaftshilfe dominierte in ihrem Bericht. Diese Aussagen erfüllten mich mit großer Achtung für ihre Art, mit dem Geschehenen umzugehen, denn ihr Gewinn aus dieser Tragödie bestimmte ihre Verarbeitung und ließ sie den Blick auf das neu Gelernte richten.

Jeder Mensch gerät im Laufe seines Lebens in Situationen, denen er sich mehr oder weniger hilflos ausgesetzt fühlt, als deren Opfer er sich zunächst begreift. Oft sind es jedoch gerade diese Erlebnisse, die man zu einem späteren Zeitpunkt auf keinen Fall missen möchte, weil sie sich im Nachhinein als eine inspirierende und stärkende Kraft erwiesen haben.

Die heimlichen oder offenen Reaktionen der sozialen Umwelt

Die Erkenntnis, dass jeder Mensch mehr oder weniger unter Opfergefühlen leidet, kann davor bewahren, auf Menschen mit stark sichtbaren Opferanteilen herabzuschauen und abschätzig festzustellen, diese Personen seien selbst schuld an der erlebten Verletzung, eben weil sie sich so stark als Opfer fühlten. Äußerungen dieser Art sind häufig zu hören. Sie zeigen, dass der urteilenden Person eigene Opfergefühle nicht sehr bewusst sein können oder dass sie sich wegen dieser Gefühle stark verurteilt.

Genauso verräterisch erscheint mir das so genannte Volksempfinden zu sein, das sich bei Berichten über Gewalttaten mit den Opfern identifiziert und harte Strafen für die Täter fordert. So ist zum Beispiel in Amerika immer wieder zu erleben, wie dort viele Menschen Zeugen einer Hinrichtung sein wollen. Hierin drückt sich eine Selbstgerechtigkeit aus, die zeigt, dass den betreffenden Personen ihre eigenen verletzenden, zerstörerischen Anteile nicht sehr bewusst sein können.

Auch die dritte grundlegende Reaktionsweise auf Opfer ist wenig konstruktiv: Die »Retter« oder »Missionare« nähern sich aus dem Gefühl der Überlegenheit den ihnen anvertrauten Menschen und wollen ihnen vorschreiben, was sie fühlen und denken sollen. Dafür sind die Retter dann bereit, für die Opfer zu handeln. Unbewusst denken sie: »Ich will dich schwach und hilflos sehen. Und du sollst es auch bleiben, denn dann kann ich mich stark und überlegen fühlen, und es besteht keine Gefahr, dass ich mir mein eigenes verunsichertes Wertgefühl anschauen muss.«

Ich möchte nicht versäumen, auf eine sehr konstruktive, aber leider nicht häufig angewandte Weise der Unterstützung von Personen mit Opfergefühlen hinzuweisen. Sie bedeutet, zwar Unterstützungsangebote zu machen, aber die betroffene Person grundsätzlich als fähig zu erkennen, sich selbst für sich stark zu machen, das heißt, dieser Person tatsächlich Hilfe zur Selbsthilfe anzubieten.

Egal, zu welchem Reaktionsmuster wir neigen, die so genannten Opfer lösen starke emotionale Reaktionen in uns aus. Da ist der betrogene Ehemann, der auf sein Recht auf Anerkennung und Wiedergutmachung pocht. Dies verstehen wir ebenso wie die Mutter, die den Mörder ihres Kindes im Gerichtssaal niederschießt und Selbstjustiz übt. Sie ist für viele von uns keine Mörderin wie der Kindesmörder, sie ist Opfer und deswegen moralisch im Recht.

Opfergefühle dienen als Rechtfertigung für verletzendes Verhalten

Opfergefühle werden oft als Rechtfertigung für Gewalt und aggressives Verhalten benutzt. Dabei ist diesen so reagierenden Opfern die gewalttätige Absicht ihrer Handlung meist nicht wirklich bewusst. Sie fühlen sich bildlich gesprochen mit dem Rücken zur Wand und glauben nur ihre Grenzen zu verteidigen.

Die innere Erlaubnis zur Aggression stellt also einen Gewinn aus Opfergefühlen dar. Betrachten wir unseren heutigen Umgang mit Aggressionen und destruktiven Persönlichkeitsanteilen, so können wir feststellen, dass die meisten aggressiven Handlungen tatsächlich Opfergefühlen entspringen. Mir ist kaum eine Person bekannt, die, ohne die Ursache und Schuld in einer anderen Person zu suchen, also ohne sich als deren Opfer zu fühlen, sagen kann: Mein Neid hat mich zu dieser Handlung veranlasst! Oder: Aus Gier habe ich dich übervorteilt! Oder: Weil ich mir keinen Wert zugestehe, habe ich dich abgewertet und schlecht über dich gesprochen.

Vergebung erwächst aus Verständnis

Man könnte einwenden, es sei nicht wesentlich, ob Menschen als Opfer aggressive Handlungen begehen oder im Bewusstsein ihres zerstörerischen Bedürfnisses. Ich sehe hier jedoch einen bedeutenden Unterschied. Wenn wir im Bewusstsein unserer destruktiven Impulse verletzen, erwächst daraus die Fähigkeit zu vergeben, weil wir dann anerkennen können, dass andere Menschen mit den gleichen zerstörerischen Impulsen ausgestattet sind. Und wir begreifen, dass es sich hier um ein menschliches Problem handelt. Da wir uns aber Vergebung für unsere verletzenden Handlungen erhoffen, ja sie sogar brauchen, werden wir eher bereit sein, die Gleichheit in der Motivation zur Verletzung zu erkennen und auch zu vergeben.

Glauben wir aber, eine zerstörerische Handlung, die wir anderen Menschen zufügen, sei ausschließlich Notwehr gegen zuvor erlittenes Unrecht, stehen wir, vor uns selbst, mit einem kleinen, meist verheimlichten Heiligenschein da. Wir halten uns für gut, die andere Person für schlecht, und fühlen uns somit überlegen. Wir fühlen uns sogar dann noch überlegen, wenn all unsere Handlungen und Worte im Gegensatz zu unserem Idealisierten Selbstbild Unterlegenheit ausdrücken. Wir sehen dann auch keinerlei Veranlassung, unser Gegenüber zu verstehen, geschweige denn ihm zu vergeben, denn wir sind es schließlich ja, die verletzt und zum Opfer gemacht wurden.

Vergebung erwächst aus Verständnis. Wirklich verstehen können wir aber nur, wenn wir vergleichbare Seiten in uns selbst entdecken. Verständnis führt dazu, sich selbst im anderen wiederzuerkennen. Überlegenheitsgefühle dagegen führen meist nur zu Worten der Vergebung, aber nicht zu Handlungen, die tatsächlich Vergebung transportieren.

Vermutlich kennt fast jeder Mensch das unbefriedigende Gefühl einer nicht wirklich ernst gemeinten Entschuldigung und einer nicht wirklich ernst gemeinten Vergebung. Wenn wir Opfergefühle haben, sind wir nicht an Vergebung interessiert, sondern an Rache, Bestrafung und am Kanalisieren unseres Selbsthasses nach außen.

Zu unterscheiden ist auch die Motivation zu einer destruktiven Handlung. Rechtfertigen wir unsere Aggressionen mit eigenen Opfergefühlen, handeln wir aus Ich-Schwäche. Wir stärken damit unsere Opferposition und nähren Schamgefühle und Selbstverurteilung. Wir befinden uns dann in einem Sog, der die Ich-Schwäche noch verstärkt.

Begehen wir aber die gleiche Handlung mit dem Wissen über unsere destruktiven Impulse, lernen wir etwas über uns und unser Potenzial und entwickeln wiederum Verständnis für andere Menschen. Daraus erwachsen früher oder später Ich-Stärkung und damit Autonomie. Wir brauchen dann keine andere Person mehr, die wir für unser zerstörerisches Handeln verantwortlich machen. Das wiederum führt zu größerer Harmonie in den Beziehungen zu uns selbst und zu anderen.

Die Beziehung von Herrn und Frau Jäger macht deutlich, welche Zerstörung entstehen kann, wenn Menschen in ihrer Position des Opfers verharren.

Die Motivation zur Paarberatung ging vor allem von ihr aus, Herr Jäger war aber ebenfalls zu diesem Schritt bereit. Die Paarbeziehung bestand bereits seit 18 Jahren, das Paar hatte sich aber erst kürzlich entschlossen zu heiraten. Sie wollte eine Paartherapie machen, weil sie ihm nicht vergeben konnte, dass er eine Außenbeziehung zu einer gemeinsamen Bekannten begonnen hatte.

Die Dynamik zwischen beiden wirkte hochexplosiv, ihre Kommunikation bestand aus wechselseitigen Vorwürfen und Forderungen. Er hatte zunächst die resignativ-klagende Haltung eingenommen, sie wirkte trotzig-aggressiv. In dieser Dynamik war es mir zunächst nicht möglich, wirklich einen Zugang in ihr System zu finden.

Er reagierte angepasst. Er wollte die Beziehung unbedingt aufrechterhalten und betonte immer wieder, wie sehr er sich für diese Partnerschaft anstrenge. Sie sprach über ihre Verletzung und stellte Forderungen, wie er sich verändern solle.

Nach einigen Stunden konnte ich herausfinden, dass sie ebenfalls vor mehreren Jahren eine zweijährige, lang verheimlichte Beziehung zu einem nahen Bekannten des Paares hatte. Ich fragte sie, wie sie zu der Ansicht käme, dass ihre Beziehungsverletzung keine Rolle spiele, während sie seine nicht vergeben könne. Es folgten einige Rechtfertigungen.

Kurz danach veränderte sich die Beziehungsdynamik. Jetzt begann er zu fordern, er zeigte sich keinerlei Argu-

Paarkonflikt, geladen und entsichert

menten gegenüber mehr zugänglich, bis hin zu explosiven Ausbrüchen, die sich auch gegen mich richteten. Auch er rechtfertigte jede seiner verletzenden Handlungen durch ihre vorhergegangenen, laut seiner Beschreibung grundsätzlich stärkeren Verletzungen.

Nun begann die Schaukel zwischen dem Paar richtig zu wippen. Sobald eine der beiden Personen eine Schwäche oder einen Fehler zugab, schlug die andere verbal zu und forderte Wiedergutmachung. Und beide Partner litten darunter.

Ich konnte diesem Paar nicht weiterhelfen. Sie zeigten beide keinen Willen, sich ihren Opfergefühlen zu stellen und ihre zerstörerischen Anteile anzuerkennen. Der Weg zu Verständnis und damit zur Vergebung war noch weit für sie.

Dieses Beispiel verdeutlicht, wie Menschen ihre Opfergefühle benutzen, um jedes destruktive Verhalten damit zu rechtfertigen. Sie müssen sich in ihren Verletzungswünschen nicht mehr beschränken, es gelten keine ethischen Normen mehr für sie, denn sie wehren sich schließlich nur ihrer Haut. Sie verwenden also ihre Opfergefühle, um eine Erlaubnis zur Entladung ihres Schattens, ihres zerstörerischen Potenzials zu haben.

Erlaubnis zur Schwäche

Es gibt noch mehr »Gewinn« aus Opfergefühlen zu ziehen:

In einer Welt der vermeintlichen Perfektion, der Stärke und des Luxus fällt es schwer, sich seinen unvollkommenen, undisziplinierten und verarmten Persönlichkeitsanteilen zu stellen. Wir leben im Westen in einer Zeit, in der Entwicklung, Ausdauer und Beständigkeit auf äußere Ziele gerichtet sind, während innere Ziele sträflich vernachlässigt werden. So gibt es erschreckend viele Menschen, deren Körper durch zeitintensive Anstrengung geformt und muskulös sind, die beruflich ehrgeizig, erfolgreich und durchsetzungsfähig sind, die in großem materiellen Luxus leben, aber emotional immer mehr verarmen. Es sind Menschen, die sich fähig fühlen, jede äußere Hürde zu nehmen. Gleichzeitig fühlen sie sich als Opfer ihrer Beziehungsunfähigkeit und ihrer Unfähigkeit, die innere Welt zu erkennen und auszuloten.

Ihre Perfektionswünsche gestatten keine unvollkommenen, unentwickelten Anteile. Was liegt also näher, als die Ursachen der wahrgenommenen Unvollkommenheit nach außen zu verlagern und sich als Opfer der Unvollkommenheit anderer zu fühlen? Diese Position ermöglicht ihnen, Forderungen zu stellen, Wiedergutmachung zu verlangen, ohne darüber nachzudenken, was sie selbst zu geben bereit sind.

Man kann dann auch in »emotionale Disziplinlosigkeit« verfallen. Als Opfer hat man schließlich das Recht, sich schwach, ängstlich, hilflos und inkompetent zu fühlen. Es fällt dann auch nicht unter die eigene Verantwortung, sich um eine Veränderung der Umstände zu bemühen.

Bringt »richtige« Erziehung glückliche Kinder hervor?

Unsere immer noch bestehende Auffassung von Pädagogik beinhaltet die Vorstellung, es müsse eine »richtige« Erziehung geben. Ein ideales Elternpaar hätte seine Erziehungsaufgabe dann erfolgreich bewältigt, wenn seine Kinder zu glücklichen, ausgeglichenen, emotional reichen Menschen geworden sind. Entsprechen sie dann als Erwachsene nicht dem Idealbild, liegt es an ihren Eltern und deren mangelnden erzieherischen Fähigkeiten. Die Kinder sind somit ihre Opfer. Dass unsere Kinder auf ihrem Weg Hindernisse zu überwinden haben, an denen sie sich stoßen, erproben, wachsen und dadurch innerlich reifen können, diese Vorstellung ist in dieser Haltung nicht vorhanden. Gleichermaßen fehlt diesem Erziehungsideal das Recht auf eine dunkle Seite, einen Schatten, das Recht auf Negativität.

Diese Vorstellung vom solchermaßen »gesunden« Menschen geistert immer noch in vielen Köpfen umher und stiftet dort ihr Unwesen. Unterstützt wird sie durch die Medien, die uns täglich mit vereinfachten Bildern von Gut und Böse füttern. Betrachten wir unter diesem Gesichtspunkt den Wunsch, durch Genmanipulation den perfekten Menschen zu schaffen, dann zeigt dies deutlich, dass der Wert der Schwäche und der Fehlerhaftigkeit, der Wert des Nicht-perfekt-Seins noch nicht erkannt ist.

Viele Eltern neigen dazu, jede Schwierigkeit, in die ihre Kinder geraten, als ihr persönliches Versagen zu empfinden und sich ängstlich zu hinterfragen, ob sie denn alles

»richtig« gemacht hätten. Sie glauben, wenn sie ihr Kind »richtig« behandelt hätten, dann würde es diese oder jene Schwierigkeit nicht haben. Dies verstärkt automatisch die Erwartungshaltung der Kinder, die glauben, ihnen stehe alles zu, die Eltern hätten die Pflicht, alles zu geben. Gleichzeitig verstärkt es die bange Frage: Bin ich in Ordnung, wie ich bin, bin ich in Ordnung, wenn ich nur zum Durchschnitt gehöre und viele Fehler habe? Hier ist die Tür zur Selbstabwertung und damit in die Opfergefühle weit offen, spätestens dann, wenn der Heranwachsende erkennt, dass es ihm unmöglich ist, den unerreichbar hoch gesteckten Erwartungen zu entsprechen.

Mir begegnen in meiner Praxis viele Menschen, die ihre entwickelten, reifen Charakterzüge als Folge ihrer eigenen Anstrengungen begreifen, die alles Unentwickelte, Dunkle in ihnen aber als von den Eltern oder anderen Menschen verschuldet betrachten.

Einen scheinbaren Ausweg aus dieser emotionalen Spannung bietet auch hier die Schuldzuweisung, resultierend aus Opfergefühlen. Denn dann müssen wir keine Verantwortung übernehmen, können uns die Erlaubnis geben, »eben mal zurückzuschlagen« und nicht perfekt zu sein. Und wir dürfen auch Unterstützung annehmen. Wir dürfen in der Rolle des fordernden Kindes bleiben, haben sogar einen moralischen Rechtsanspruch darauf: das Recht auf Unvollkommenheit. Dies bedeutet, uns um die Wirkung, welche unser Handeln verursacht, keine Gedanken machen zu müssen, denn zum einen haben wir ja keine innere Alternative, zum anderen fällt die Veränderung sowieso nicht in unseren Verantwortungsbereich. Unsere Gedanken und Gefühle können sich dann im Gestern aufhalten, sich mit dem Warum und der Hoffnung, die verletzenden Teile der Biografie ungeschehen zu machen, beschäftigen.

Oft ist es eine Last, Verantwortung für sich selbst und das eigene Handeln zu übernehmen. Viel angenehmer ist es, in der Passivität des Opfers zu bleiben und neidvoll über den Zaun in den Nachbargarten zu blicken, in dem alles von alleine gewachsen erscheint.

Wer jemals längere Zeit mit einer Person verbracht hat, die nonverbal wie verbal ausdrückt: »Du bist schuld, dass ich mich so schlecht und so wenig geliebt fühle«, und die sich dann entspannt zurücklegt und verfolgt, wie ihr Gegenüber mit dieser Ladung Dynamit umgeht, der weiß um die heimliche Macht der Opfer. Aber wie viel schwieriger ist es festzustellen, wann wir selbst diese Ladung Dynamit unseren Mitmenschen zuschieben, die sie für uns entschärfen sollen! Durch unser Idealisiertes Selbstbild erkennen wir unsere eigenen dunklen Seiten oft nicht. Wir sehen sie bei allen anderen, nur nicht bei uns selbst.

Opferpoker – vier Trümpfe

Ich arbeitete mit Franz, einem Sozialarbeiter und Heilpraktiker, der in einer psychosozialen Beratungsstelle tätig war. Durch die Arbeit in der Beratungsstelle konnte er auch seine private therapeutische Praxis aufbauen.

Franz beschwerte sich vehement über seine Bezahlung als Honorarkraft in der Beratungsstelle und die mangelnde Anerkennung durch seine MitarbeiterInnen. Als ich ihn fragte, was ihn hindere, eine Vollzeittätigkeit anzustreben, die bedeutend bessere Bezahlung biete, antwortete er, das wolle er nicht. Er betrachte die Arbeit in der Beratungsstelle nur als einen Job. Sein Hauptanliegen sei es, die eigene Praxis aufzubauen.

Ich fragte ihn dann, ob er das Gefühl habe, seine volle Arbeitskraft in der Beratungsstelle einzubringen. Dies sei ihm zurzeit nicht möglich, da der Aufbau der eigenen Praxis ihn in Anspruch nehme und ziemlich erschöpfe. Mit dieser Antwort rechtfertigte er seinen Widerstand, sich in der Teilzeitarbeit stärker zu engagieren. Vielleicht wäre ihm seine eigene Haltung klarer geworden, hätte er sich für die Worte »Ich will meine Kraft dort nicht einbringen« entschieden.

Daraufhin bat ich ihn zu überprüfen, ob das Maß an Einsatz, das er bringe, nicht in etwa dem Maß an Anerkennung entspreche, das er erhalte. Er reagierte verdutzt, entgegnete mir dann aber: Wegen der schlechten Bezahlung sei er nicht bereit, mehr an Leistung zu investieren. Mit dieser Antwort umging Franz meine Frage, und es wurde deutlich, dass er die Verweigerung, seine Arbeitskraft wirklich einzubringen, durch den vermeintlichen Fehler des Gegenübers, in diesem Fall des Arbeitgebers, rechtfertigte.

Seine Bezahlung entsprach der üblichen Bezahlung von Honorarkräften. Um Franz eine realistischere Auswertung seines Honorars zu ermöglichen, bat ich ihn, sich die Arbeitgeberleistung vor Augen zu halten, angefangen von den Raumkosten bis hin zum Lohn für die Reinigungskraft und zu den Werbungskosten. Franz war erstaunt. Er hatte diese Leistungen seines Arbeitgebers bisher nicht als solche wahrgenommen. Ihm wurde jetzt klar, welche Möglichkeiten und welche finanzielle Anerkennung seine Arbeitsstelle ihm bot. Er erkannte, dass das keineswegs selbstverständlich war.

Diese neue Sichtweise verhalf ihm auch die Beziehung zu seinen Eltern neu zu überdenken. Sein Blick war bisher ausschließlich auf deren vermeintliche Bringschuld gerichtet gewesen. Als Nächstes betrachtete er seinen Freundeskreis unter seinem neuen Blickwinkel. Ihm wurde seine Identifikation mit dem Gefühl, arm und bedürftig zu sein, und dem daraus erwachsenen Opferskript bewusst.

Eine Erkenntnis stellt den ersten Schritt zu einer Neuausrichtung dar. So auch im Fall von Franz. Er sah jetzt, wie reich er war, und übte sich darin, die vielen täglichen kleinen und großen Geschenke des Lebens zu sehen und anzuerkennen.

Franz veränderte sich drastisch, und der klagend-fordernde Unterton seiner Stimme war nach einiger Zeit kaum noch wahrnehmbar. Es war nichts anderes geschehen, als dass er jetzt sein Glas Wasser als halb voll statt als halb leer begreifen konnte. Er entwickelte Bereitschaft, sich für die Menschen seiner Umgebung zu engagieren, und Monate später stellte er fest, dass es ihm Freude bereitete, geben zu dürfen und zu können. Franz war nun bereit, auf den Profit seiner Opfergefühle zu verzichten und Verantwortung für sich zu übernehmen.

Natürlich ist diese wundervolle Metamorphose nicht die Folge einer einzelnen Beratungsstunde, sondern die Folge des tiefen Wunsches von Franz nach mehr Lebensfreude. Die Kraft zur Wandlung entsprang seiner Wahrheitsliebe und seinem hartnäckigen Engagement für sein Ziel.

Der Gewinn aus Opfergefühlen ist immer eine zweischneidige Sache. Zwar erreichen wir, dass uns bestimmte Dinge gegeben werden, dass wir uns eine Erlaubnis zur Schwäche, zur Aggression oder zu anderem geben, die Erlaubnis dafür kommt aber aus einer vollkommen verzerrten Motivation, sodass der Gewinn nicht positiv integriert werden kann. Dadurch findet auch keine innere Heilung statt. Die Identifikation als Opfer bleibt erhalten und fordert nach kurzer Zeit neue Entlastung.

Aber so wie das ungeliebte Kind Schläge als Zuwendung akzeptiert, da es für sich keine Chance sieht, wirkliche Liebe zu erfahren, so gibt sich unser Niederes Selbst in seiner Funktion der Ich-Erfüllung mit den Ersatzgewinnen aus Opfergefühlen zufrieden, da es keine bessere Möglichkeit sieht, für das eigentlich Gewünschte zu sorgen.

Übungsteil

Was können Sie als Ihren heimlichen Profit Ihrer Opfergefühle erkennen?
Geben Sie sich mit ihnen vielleicht manchmal eine Erlaubnis, um
➤ Wut auszudrücken?
➤ Schwäche zuzulassen?
➤ Zuwendung oder Unterstützung irgendeiner Art zu erhalten?
➤ etwas nicht zu tun, was Sie denken, sonst tun zu müssen?
➤ sich durchzusetzen?

Können Sie sich darin annehmen, dass Sie bisher diesen Profit über Opfergefühle hergestellt haben?

Sehen Sie eine Möglichkeit, sich für diesen Profit in einer konstruktiveren Weise einzusetzen?

Zusammenfassung

Opfer von Kriegen, Naturkatastrophen oder Gewalt müssen sich nicht notwendigerweise als Opfer begreifen. Opfergefühle sind vor allem die Folge bestimmter innerer Prozesse und einer daraus resultierenden inneren Dynamik. Nur als unangenehm erlebte Zustände oder Erfahrungen lassen in uns Opfergefühle entstehen. Die angenehmen erleben wir als selbstverständlich oder als verdient.

Ein Mensch mit Opfergefühlen identifiziert sich im Laufe seines Lebens mit den Schlussfolgerungen aus seinen gemachten Erfahrungen. Aus Erfahrungen werden lebensgestaltende, begrenzende Einstellungen, so genannte Sicherheitszonen. Sie werden durch das tägliche Wiederholen affirmativ verstärkt. Ein komplettes Bild einer Funktionsstörung entsteht und wird, solange dies nicht erkannt und verändert wird, jeden Tag mehr oder weniger bewusst durch Körperhaltung, Mimik, Sprache und Gedanken bestätigt und bekräftigt.

Die betroffene Person glaubt, selbst keine Möglichkeiten zu haben, konstruktiv auf ihr Leben einwirken zu können. Dadurch kommt es zu der Fehleinschätzung, eine andere äußere Hilfsquelle hätte die Macht und die Möglichkeit, bessere Bedingungen zu schaffen. Die Person versucht deshalb im Rahmen ihrer Möglichkeiten, diese vermutete äußere Hilfsquelle – meist ein anderer Mensch – zu einer Veränderung der als unangenehm erlebten Bedingungen zu veranlassen. So beginnt ein Kampf im Äußeren um bessere Lebensbedingungen. Er wird entweder aggressiv-fordernd oder resignativ-klagend geführt. Beide Haltungen können sich abwechseln. Die Mittel dazu sind Manipulation durch Schwäche und Hilflosigkeit oder offene Forderungen.

Kurzfristig kann es immer wieder zu dem Eindruck kommen, tatsächlich die äußeren Bedingungen verändert zu haben, langfristig geschieht das aber nicht, da die

Lebenseinstellung der betroffenen Person dies auf Dauer nicht zulässt.

Da es in jeder menschlichen Biografie unentwickelte und nicht integrierte Bereiche gibt, neigt auch jeder Mensch mehr oder weniger dazu, sich als Opfer bestimmter Bedingungen zu fühlen.

Opfergefühle wirken immer ich-schwächend, sie lassen die betroffene Person an ihrer Fähigkeit zu konstruktiver Lebensgestaltung zweifeln und sich in Abhängigkeit zu vermeintlich stärkeren Menschen fühlen.

Das innere Erleben der Person ist in dem durch Opfergefühle geprägten Bereich durch ein negatives Selbstbild gekennzeichnet, vor allem durch Selbstabwertung, Selbstzweifel und Scham. Die daraus resultierende starke emotionale Spannung wird zyklisch durch Schuldzuweisungen entladen, und zwar in Form von unterdrücktem, nach innen gerichtetem oder nach außen gehendem explosiven Zorn.

Opfergefühle lassen sich sowohl an der Wortwahl als auch an der nonverbalen Kommunikation ablesen. Sie bergen enormen sozialen und persönlichen Gewinn, zumindest scheint es so, veranlassen sie doch viele Menschen zu Rettungsangeboten oder zu einer anderen Form der Zuwendung.

Durch die aus Opfergefühlen gezogenen emotionalen Konsequenzen wird im Inneren eine Erlaubnis gegeben, die man sich sonst vorenthalten würde, beispielsweise die Erlaubnis, schwach oder aggressiv sein zu dürfen. Vor allem werden Opfergefühle als Rechtfertigung für Stagnation und Verweigerung benutzt, da der Glaube an die eigenen konstruktiv-lebensgestaltenden Fähigkeiten nicht entwickelt ist.

All diese Wirkungen resultieren aus einer Ich-Schwächung. Damit bleibt das ersehnte Wohlbefinden aus, stattdessen entsteht Leidensdruck, begleitet von Zorn, Scham und anderen selbstabwertenden Gefühlen.

Schritte der Transformation

Selbstannahme

Wachstums- und Erholungsphasen erkennen

Im menschlichen Leben wechseln sich Erholungs- und Wachstumsphasen zyklisch ab. Dies geschieht auf allen Bewusstseinsebenen, körperlich, emotional und geistig. Körperlich ist dieses Wechselspiel der Kräfte als das Zusammenspiel von Schlaf- und Wachzuständen zu erkennen. In unseren Gefühlen erkennen wir Phasen von innerer Ruhe und Wohlbefinden, die sich abwechseln mit Phasen innerer Unruhe und emotionaler Krisen. Auf der geistigen Ebene durchleben wir Perioden geistiger Erholung, denen Perioden des Lernens oder der Prüfungen folgen.

Erholungsphasen lösen in uns den Wunsch aus, das in ihnen erlebte Wohlbefinden zu genießen, uns in dieses Wohlbefinden hinein »auszudehnen« und vor allem diesen

Zustand zu erhalten. Wachstumsphasen sind dagegen meist von einer Wahrnehmung von Unbehagen, Stress bis hin zu Schmerzen begleitet. Wir sind während dieser Zeiten gefordert, uns aus unserem Sicherheitsdenken, unseren »Komfortzonen« herauszubewegen, etwas zu riskieren, oder wir sehen uns mit Zuständen konfrontiert, denen wir nicht mehr ausweichen können. Dadurch entsteht der Wunsch, Dinge zu verändern, sie neu auszurichten.

Optimalerweise verlaufen beide Phasen in etwa gleich großen Zyklen, sodass aus dem Erholungszyklus die Kraft für die nächste Wachstumsphase gezogen wird.

Im persönlichen Leben des Einzelnen werden jedoch oft beide Phasen fehlinterpretiert und somit nicht genutzt. Statt Räume des Genießens und Erholens zu nutzen, treiben wir uns an und gönnen uns keine Ruhe. Andererseits verweigern wir uns häufig den Wachstumsphasen: Wir scheuen uns vor Veränderung und hoffen, durch die viel zitierte »Vogel-Strauß-Haltung« diese Zeiten ignorieren oder aussitzen zu können.

In »emotionales und geistiges Bodybuilding« einwilligen

Zu wenig machen wir uns bewusst, dass gerade die schwierigen Lebenssituationen uns zu innerer Veränderung motivieren und uns helfen, Neues, Größeres für uns zu beanspruchen. Auch früher haben wir in ähnlichen Situationen in ihnen nicht nur eine Lösung gefunden, sondern auch unzählige Lernerfahrungen aus ihnen gezogen. Durch sie werden Wachstum, Veränderung und Entwicklung angeregt, sie bilden die Grundlage für unser »emotionales und geistiges Bodybuilding«. Wir sollten die Steine auf unserem Weg nutzen, um uns an ihnen zu erproben und durch deren Überwindung stark zu werden.

Ich stelle immer wieder fest, wie schwer es den meisten Menschen fällt, Wachstumsphasen anzunehmen und sich dadurch für die in ihnen potenziell enthaltene Expansion zu entscheiden. Die Aufgabenstellungen der Wachstumsphasen durch eine »Vogel-Strauß-Strategie« zu negieren bedeutet aber, den Ansturm des Wachsenwollens zu verstärken. Es ist, als wolle man einen Bach am Fließen hindern. Wasser, gestaut ohne jeglichen Ablauf, wird sich irgendwann in elementarer Weise eine Bahn brechen.

So ist es der Entwicklung jedes Einzelnen höchst förderlich, die Signale der Wachstumsphasen früh zu erkennen und sie unmittelbar als Inspiration für seine Handlungen zu nutzen.

Schmerz und Leid als Impuls zur Bewegung

In diesem Sinn ist Schmerz oder emotionales Unbehagen als ein Impuls für nötig gewordenes Wachstum zu begreifen und als das anzunehmen.

Hierzu ein Beispiel aus dem nicht emotionalen Bereich:

Wenn wir Zahnschmerzen haben, ist das eine äußerst unangenehme körperliche Wahrnehmung. Es schmerzt, und unsere Gedanken sind mehr oder weniger davon absorbiert. Und das ist auch gut so. Denn bestünde die Möglichkeit, unsere Zahnschmerzen zu ignorieren, täten wir das vermutlich auch. Es gibt wahrscheinlich kaum jemanden, der den Zahnarztbesuch mit Freude und guten Gefühlen verbindet.

Der Schmerz macht uns also mit all seiner Vehemenz darauf aufmerksam, dass etwas mit unseren Zähnen nicht in Ordnung und eine Zahnarztbehandlung dringend notwendig ist. Der Schmerz sagt nicht: Der ganze Körper ist krank, sondern er sagt: Ein Teil des Körpers ist betroffen. Ohne das Schmerzsignal wäre größere Zerstörung vorprogrammiert. Unsere klaren Körpersignale erlauben uns nicht, die Wirkung zu ignorieren, und bisherige Erfahrungswerte lassen uns zuverlässige Rückschlüsse ziehen.

Karies als Ursache hat die Wirkung eines Schmerzempfindens. Höchstens eine kleine Weile ist es uns möglich, durch Zahnschmerzmittel die Wirkung zu betäuben, um uns den eigentlichen Ursachen nicht stellen zu müssen.

Im Unterschied zur »emotionalen Karies« ist an einen Kariesherd im Zahn meist keine Selbstabwertung gekoppelt. Niemand wird in diesem Zusammenhang Scham-, Schuld- oder Versagensgefühle empfinden. Zahnschmerzen werden sehr schnell als eine Information angenommen, die bei Nichtbeachtung größeren Schaden nach sich zieht. Die Kapitulation vor dem Zahnschmerz und die Annahme des Schmerzes geschehen ohne Selbstbeschuldigung.

Einen Zahnarzttermin zu vereinbaren, um Abhilfe zu schaffen, ist die logische, wenn vielleicht auch ungeliebte Konsequenz. Womöglich weist uns unser Zahnarzt auf den Sinn einer Ernährungsumstellung hin oder er zeigt uns, wie wir unsere Zähne besser pflegen können, um in Zukunft Karies zu vermeiden. Diese Ratschläge werden wir befolgen oder auch nicht. Wir werden aber vermutlich unseren Zahnarzt nicht verantwortlich machen, wenn wir seine Ratschläge nicht befolgen.

Alle Konsequenzen der Karies wie Schmerzen, Bohren und Vorschläge einer verbesserten Zahnpflege sind nicht besonders angenehm. Trotzdem wird uns dieses Schmerzsignal nicht zum hilflosen, resignativen Hinnehmen veranlassen oder zum zornigen Rebellieren. Spätestens wenn unsere Schmerztoleranz erschöpft ist, werden wir die Ursache annehmen und die notwendigen Schritte zur Heilung einleiten.

Ich habe mich bewusst für ein Beispiel aus den körperlichen Lebensrealitäten entschieden, denn hier wird deutlich, welche nutzlose Handlung es wäre zu sagen: Ich will mich nicht um meine Zahnschmerzen kümmern. Meine Eltern haben mich fehlernährt und deswegen habe ich schlechte Zähne. Sie haben die Verantwortung dafür, die Sache schmerzlos in Ordnung zu bringen. Selbst wenn unsere Eltern keine Fürsorge auf unsere Ernährung verwendet haben, wird vermutlich niemand auf die Idee kommen, deswegen nicht zum Zahnarzt zu gehen.

In diesem Beispiel ist die Verantwortlichkeit für die Lösung des Problems eindeutig geregelt. Und da dies als Fakt anerkannt wird, ist das Annehmen der Zahnschmerzen als Information selbstverständlich. Dies lässt Verweigerung und Selbstmitleid gar nicht erst als Lösung in Frage kommen. Im Gegenteil: Wer seine Zahnschmerzen richtig versteht, ist ihnen vielleicht sogar dankbar, denn sie helfen, Schlimmeres zu verhindern.

Dass Schmerzen und Leid uns zur Dankbarkeit veranlassen sollten, scheint auf den ersten Blick paradox. Warum sollten wir für etwas danken, was uns ausschließlich unangenehm ist?

Dankbarkeit dafür empfindet man spätestens dann, wenn das, was bisher selbstverständlich schien, nicht mehr vorhanden ist. Wenn die Fähigkeit, emotionale oder physische Schmerzen wahrzunehmen, beeinträchtigt oder zerstört ist. Erst dann wird bewusst, was verloren ging und was es wert war.

Zur Verdeutlichung möchte ich einen Auszug aus einem Brief anfügen.

Bei einer Rückenmarkoperation wurden die für das Schmerzempfinden zuständigen Nerven der Schreiberin beschädigt. Sie schildert anhand eines Beispiels, welche Folgen das für sie hat:

»Während eines heißen Sommertages setzte ich mich im Badeanzug auf die Steinstufe unserer Terrasse, um dem Wasserspiel des Brunnens zuzusehen. Dabei unterschätzte ich zum einen, wie stark Steine sich in der Mittagszeit aufheizen können, und zum anderen, wie wichtig, sinnvoll und hilfreich Temperatur- beziehungsweise Schmerzwahrnehmungen des Körpers sind. Die Folgen der fehlenden Schmerzwahrnehmung waren Verbrennungen am Po und den Oberschenkeln.«

Berichte dieser Art lenken unser Bewusstsein darauf, dass etwas, was als unangenehm und ungewollt erlebt wird, gleichzeitig außerordentlich konstruktiv sein und den wichtigsten Anstoß zur Veränderung beinhalten kann.

Dies gilt auch für den emotionalen und seelischen Bereich: Wir sollten uns wieder mehr ins Bewusstsein rufen, dass gerade aus schmerzhaft erlebten Erfahrungen emotionale Intelligenz und Weisheit entstehen. Leid und Schmerz sind nämlich nicht, wie vielfach angenommen, ein Zeichen für seelisch-geistige Erkrankung, ein Zeichen für Charakterstörung, sie sind vielmehr ein deutlicher Ruf unserer Seele nach Aufbruch, Erneuerung und nach Erweiterung. Nur wenn wir in unseren Opfergefühlen erstarrt sind und unser Denken und Fühlen in der Vergangenheit fixiert ist, fühlen sich Leid und Schmerz zäh, hoffnungslos und sinnlos an. Selbst dann bleibt in ihnen aber der Samen der zukünftigen Weiterentwicklung enthalten. Es ist unser göttliches Recht, frei zu wählen, wann und wie wir uns in Bewegung setzen wollen.

Die Kunst der konstruktiven Kapitulation

Wir können uns jeden Moment auf den Entwicklungsweg begeben. Wir können uns bewusst machen: Veränderung geschieht durch mich, und zwar jetzt! Dann werden wir aufhören, unser soziales Umfeld für alle unangenehmen Lebensbedingungen verantwortlich zu machen, und uns auf eine konstruktive Kapitulation einlassen, auf eine Kapitulation im Sinne eines liebevollen Annehmens.

Es ist ein großer Unterschied, ob wir etwas resignierend hinnehmen oder liebevoll annehmen. Dem Ersten, auch Selbstnachgiebigkeit genannt, folgt das vollständige Bild einer Funktionsstörung mit dem dazugehörigen Armutsdenken, mit Opfergefühlen und Machtverlust. Aus dem Zweiten, der Selbstannahme, hingegen erwachsen Eigenliebe und emotionale Intelligenz.

Selbstnachgiebigkeit stärkt im Gegensatz zur Selbstannahme den resignativen Teil und sagt: Ich fühle mich hilflos, ich kann nichts verändern und mache deswegen so weiter wie bisher. Durch Selbstnachgiebigkeit verändert sich nichts, da ihr die Schwingung der Eigenliebe fehlt.

Es erfordert etwas Übung, um Selbstnachgiebigkeit von Selbstannahme zu unterscheiden. Sie ähneln sich auf den ersten Blick und erst an der Wirkung sieht man, welche dieser beiden Qualitäten man angewendet hat. Bei der Unterscheidung hilft die Frage: Dient dieses Verhalten wirklich meiner Entwicklung? Das Wort »wirklich« ist deshalb wichtig, weil eine vorübergehende Manipulation zunächst mit einer tatsächlichen Veränderung im Leben verwechselt werden kann. Der Leidensdruck oder Schmerz lässt dann für kurze Zeit nach, die gestaute Energie ist momentan entladen und das bewirkt – kurzzeitig – Erleichterung.

Wirkliche Veränderung ist ausschließlich ein Prozess im Inneren, der nach außen ausstrahlt und dort gestaltend wirkt. Fühlt man sich bald wieder ähnlich schlecht und begrenzt, hat man vermutlich Selbstnachgiebigkeit angewandt und nicht Eigenliebe und Selbstannahme.

Selbstannahme und Eigenliebe

Selbstannahme hinterlässt ein Wohlgefühl in uns, das uns ja sagen lässt, das uns die Erlaubnis gibt, unentwickelte Persönlichkeitsanteile zu haben. Sie überfordert uns nicht und, vor allem, sie bewertet nicht. Sie sagt:

Ja, ich habe ein Problem. Es ist aber nur ein Problem auf meinem Weg. Grundsätzlich bin ich in Ordnung. Ich höre wegen eines Problems nicht auf mich zu mögen.

Diese Denkweise in problematischen Lebensumständen lässt das Vertrauen in uns und unsere Konfliktlösungsfähigkeiten unangetastet. Selbst wenn wir im Moment nicht die perfekte Lösung finden, fallen wir nicht in nagende und zerstörerische Selbstzweifel.

Die Opfergefühle mit all ihren schmerzhaften Inhalten geben uns eine wichtige Information. Sie lenken unsere Aufmerksamkeit auf eine unausgeglichene emotionale Dynamik, die einer Korrektur oder eines »emotionalen Bodybuildings« bedarf. Machen wir uns diese Sichtweise zu Eigen, dann fühlen wir uns nicht bestraft, wenn wir Opfergefühle bei uns entdecken, sondern es entsteht Dankbarkeit, dass wir sie jetzt erkennen können. Je schneller wir die dahinter stehende Dynamik als unsere ureigenen Gefühlsinhalte benennen und annehmen, desto schneller werden wir uns auf der Seite derer befinden, die ihre Opfergefühle als Werkzeuge des Wachstums begreifen.

Zu diesem Zeitpunkt des Prozesses ist es weder notwendig zu wissen, was wir mit der konkreten Situation anfangen werden und wie eine eventuelle Lösung aussehen könnte, noch brauchen wir Informationen über die Ursachen. Das sind erst die weiteren Schritte und wie bei einer Wanderung ist es sinnvoll, den zweiten Schritt nicht vor dem ersten zu machen.

Das kann bedeuten, zu sagen:

- Ja, ich meine, in dieser Situation völlig hilflos zu sein.
- Ja, ich fühle mich als Opfer meiner Eltern.
- Ja, ich bin tatsächlich der Meinung, wenn sie liebevoller mit mir umgegangen wären, ginge es mir heute besser.
- Ja, ich habe bisher gedacht, dass meine Partner mir aus diesem Grund besonders viel Liebe schulden.
- Ja, ich habe mir ein schlechtes Selbstbild geschaffen und geglaubt, dass etwas mit mir nicht in Ordnung ist.
- Ja, ich habe andere Menschen manipuliert und zu etwas gezwungen, in der Hoffnung, Kompensation für erlittenes Unrecht zu erhalten.

Selbstannahme gibt die Schwingung der Eigenliebe in die Problemstellung und hilft dabei, uns trotz unseres Problems zu lieben. Dadurch können wir uns Scham als Folge von Selbstabwertung ersparen. Unsere Kraft wird nicht zum Verdrängen und zum Kampf gegen uns selbst oder andere vergeudet. Wir können sie stattdessen für unseren Wachstumsprozess einsetzen, um die nächsten Schritte zu tun.

Konstruktive Kapitulation verändert unsere Denkweise grundlegend. Dieser Prozess kann schnell einsetzen oder erst dann, wenn er sich nicht mehr länger vermeiden lässt. Die Entscheidung dazu bleibt jedem Menschen selbst überlassen.

Ein überzogenes Konto kann eine Weile ignoriert werden, obwohl die zum Handeln notwendige Information durch die Rückmeldung auf dem Kontoauszug bereits vorhanden ist. Die Notwendigkeit zum Handeln lässt sich aber auf keinen Fall mehr ignorieren, wenn das Konto seitens der Bank gesperrt wird.

Auf Opfergefühle übertragen bedeutet dies: Je schneller wir realisieren, dass wir in einem Bereich unseres Lebens Opfergefühle aufgebaut haben, desto schneller haben wir die Möglichkeit, die Situation auf konstruktive Weise zu beeinflussen.

Die Kränkung, uns als unvollkommen zu erkennen, können wir durch die Tatsache hinter uns lassen, dass es in jeder menschlichen Biografie Opfergefühle gibt, selbst wenn sie bei anderen für uns nicht sichtbar sind und sie vielleicht bessere Mechanismen haben, sie zu tarnen und zu verbergen. Halten wir uns stets vor Augen, dass unser Blickwinkel immer nur einen Ausschnitt des Lebens umfassen kann. Warum sollten wir uns also für etwas abwerten, womit wir uns als einen Teil der menschlichen Gemeinschaft zu erkennen geben!

Die Menschheit insgesamt könnte ihr Wachstum beschleunigen und schmerzloser gestalten, wenn sie sich eingestehen könnte, unentwickelte Teile zu haben, in großen Bereichen unwissend zu sein und dadurch ein Recht auf Fehler zu haben.

Das Leid einatmen und mit Liebe umhüllen

Es gibt eine sehr hilfreiche Atemübung, die helfen kann, sich diese Haltung nicht nur intellektuell anzueignen, sondern sie sozusagen zu verkörpern. Ihre Grundidee ist an die buddhistische Tradition der Tonglen-Atmung angelehnt. Lesen Sie diese Übung nicht nur, praktizieren Sie sie!

- Setzen Sie sich entspannt hin.
- Atmen Sie einige Atemzüge tief und rhythmisch.
- Richten Sie Ihre ganze Aufmerksamkeit auf Ihr Leid verursachendes Problem.
- Stellen Sie sich vor, dass Sie dieses Problem beim Einatmen in sich aufnehmen.
- Es darf genauso sein, wie es ist. Es gibt nichts im Moment, was daran verändert werden muss. Alle Schmerzen dürfen sein.
- Begrüßen Sie Ihr Problem, anerkennen Sie es.
- Während Sie sich diese Erlaubnis für Ihr Problem geben, erlauben Sie sich zwölf tiefe Atemzüge. Sprechen Sie mit Ihrem Problem dabei so, als ob es ein Gesprächspartner wäre.
- Jetzt beginnen Sie sich vorzustellen, wie Ihr Atem einen Liebesstrom enthält. Bleiben Sie, selbst wenn Sie nichts dabei spüren, unbeirrt bei dieser Vorstellung.
- Sie lassen diesen Liebesstrom jetzt in Ihr Problem hineinfließen, um es ganz zu durchdringen und ganz zu umhüllen.
- Halten Sie diese Vorstellung, während Sie sich zwölf weitere tiefe Atemzüge erlauben.

- Geben Sie sich Zeit und lassen Sie Bilder kommen, die diesen Prozess ausdrücken können.
- Öffnen Sie sich jetzt für die Informationen, die in Ihrem Problem verborgen liegen. Bitten Sie darum, dass Sie diese Informationen erhalten.
- Vertrauen Sie darauf, dass Sie sie erhalten werden, selbst wenn dies ein paar Tage dauert. Wichtige Dinge brauchen manchmal etwas Zeit.

Wenn Sie diese Meditation praktizieren, ist es wichtig, etwas Geduld zu haben. Bedenken Sie, wie viel Zeit Sie schon in Ihren hoffnungslosen Kampf gegen sich selbst investiert haben. Manchmal ist es hilfreich, sich vorzustellen, man »bastle« sich eine neue Sichtweise, und dazu benötigt man auch etwas Zeit.

Es ist von großer Bedeutung, den Prozess der Selbstannahme nicht nur mit dem Kopf zu vollziehen. Das Körperbewusstsein wird sonst nicht in den Prozess der Neuausrichtung mit integriert. Dauerhaft würde dadurch ein weiteres Idealisiertes Selbstbild geschaffen. Der Atem als verbindendes Glied zwischen Geist und Körper hilft den Prozess auch im Körperbewusstsein zu vollziehen, ihn tatsächlich zu verkörpern.

Ich möchte hier auf das Bewusstsein unseres inneren Mannes und der inneren Frau hinweisen. In diesem Fall kommt der Impuls, die Erkenntnis aus dem Intellekt – der männliche Aspekt. Die Atmung, die universelle Lebenskraft, transportiert die Energie in unser Körperbewusstsein – der weibliche Aspekt. Erst durch das harmonische Miteinander beider Aspekte ist wirkliche Neuausrichtung möglich.

Übungsteil

Nehmen Sie sich eines Ihrer Opfergefühle vor und schreiben Sie einige Sätze auf, wie sie

➤ Selbstnachgiebigkeit ausdrücken könnten
(zum Beispiel: »Ich war schon immer so, daran kann ich nichts ändern. Ich nehme mich damit jetzt einfach mal an.«)
➤ Selbstannahme ausdrücken könnten
(zum Beispiel: »Ich gehe zurzeit mit dem Problem X um. Das fühlt sich zwar nicht angenehm an, aber ich will es nutzen, um daran zu wachsen. Ich werde nicht zulassen, dass mich irgendetwas daran hindert. Ich bin absolut in Ordnung, auch mit meinem Problem. Ich liebe mich.«)

Praktizieren Sie die in diesem Kapitel vorgestellte Atemübung.

Sinnvollerweise arbeiten Sie immer nur an einem Thema und geben sich dann mindestens vier Wochen Zeit.

Achten Sie darauf, sich nur auf den Weg zu konzentrieren, das Ziel stellt sich von alleine ein.
Vertrauen Sie darauf, dass Ihre Anstrengung erfolgreich sein wird.

Der konstruktive Zweck einer (früheren) Lösung

Nach einigem Praktizieren der im letzten Kapitel vorgestellten Übungen werden Sie Ihre ersten sichtbaren Ergebnisse erkennen können. Selbstakzeptanz wird Ihnen vermutlich leichter fallen und Sie werden leichter die Position Ihres eigenen »besten Freundes« einnehmen können.

Wenn der erste Schritt, die Selbstannahme, vollzogen wurde, dann erst ist es möglich, den zweiten Schritt zu tun. Dies kann nicht oft genug betont werden. Immer wieder versuchen wir, in der Hoffnung auf schnelleren Erfolg spätere Schritte vor den davor anstehenden zu gehen – ein sicherer Weg zum Misserfolg, da Schritte, die auf einem destruktiven Selbstbild basieren, sich wie das sprichwörtliche auf Sand gebaute Haus auswirken.

Der nächste Schritt besteht in der Frage: Welchem konstruktiven Zweck hat meine Lösung gedient?

In einem Buch habe ich einen mein Leben stark beeinflussenden Satz gelesen: »Alle Bedingungen dienen einem konstruktiven Zweck.«

Als ich diesen Satz in mir bewegte, war ich förmlich elektrisiert. Ich erlebte mich wie hin und her gerissen zwischen innerer Erkenntnis und meinem »Ja, aber ...«. Diesen Satz auf konstruktive Lebensbedingungen anzuwenden war einfach, aber was war mit den ungewünschten, den schmerzhaften, den beschämenden Lebensbedingungen?

Ich begann mein Leben rückwirkend zu betrachten und stellte fest, dass sich tatsächlich in all den von mir als schlecht bewerteten Ereignissen ein enormes Lern- und Erfahrungspotenzial verbarg. Teilweise hatte ich es bereits erkannt und es auch schon umgesetzt, teilweise war ich noch mit dem Rebellieren gegen die unangenehme Erfahrung beschäftigt.

Dieser Satz und meine darauf folgende innere Auseinandersetzung haben meine Betrachtungsweise des Menschen, der Natur, ja der ganzen Welt tief greifend verändert. Ich wendete ihn zunächst auf mich und dann auf andere Einzelpersonen an und fand seine Richtigkeit immer wieder bestätigt. Später wagte ich mich an größere Zusammenhänge. Da die menschliche Erkenntnis immer nur Teilbereiche des Lebens erfassen kann und aus diesem Grund die größeren Zusammenhänge oft nicht erkannt werden können, habe ich akzeptiert, dass ich in meiner Erkenntnis dieser größeren Zusammenhänge häufig an meine Grenzen stoße.

Erkennen wir den konstruktiven Zweck einer Erfahrung nicht, begreifen wir uns meist als deren Opfer. Um Opfergefühle aber hinter uns zu lassen, ist es deswegen notwendig, den konstruktiven Zweck zu erkennen. Da das Thema dieses Buches die Opfergefühle im Leben des Einzelnen sind, genügt es, den Satz »Alle Bedingungen dienen einem konstruktiven Zweck« auf kleinere Zusammenhänge anzuwenden. Seine Richtigkeit bei Einzelschicksalen nachzuweisen ist sehr viel leichter, als ihn auf große Weltzusammenhänge zu übertragen.

Der konstruktive Zweck einer Lösung, die sich in der Kindheit als richtig erwiesen hat, entspricht in den meisten Fällen nicht mehr unseren Fähigkeiten als Erwachsene. Wir könnten jetzt eine reifere Lösung finden. Bevor wir eine reifere Lösung herausfinden können, ist es aber wichtig zu wissen, welchen konstruktiven Zweck unsere damalige Lösung erfüllt hat.

Gerd wuchs unter emotional sehr schwierigen Bedingungen auf. Er konnte nie sicher sein, ob der Vater, ein Alkoholiker, betrunken oder nüchtern nach Hause kam. Im ersten Fall kam es häufig zu lautstarken, gewalttätigen Auseinandersetzungen, die sich entweder gegen Gerd oder gegen seine Mutter richteten.

Seine Mutter wiederum zeigte sich Gerd gegenüber sehr fürsorglich und ängstlich. Sie traute ihm wenig Eigenständigkeit zu. Um ihn zu schützen, lenkte sie häufig die alkoholbedingten Wutausbrüche des Vaters auf sich, was Gerd einerseits mit Erleichterung, andererseits mit Schuldgefühlen erfüllte.

Gerd hatte dieses ambivalente Gefühl deutlich in Erinnerung: Einerseits seine Erleichterung, nicht das Opfer der väterlichen Wutausbrüche zu sein, andererseits sein Wunsch, die Mutter beschützen zu können, und seine Selbstabwertung, weil ihm dazu der Mut fehlte. Gerd hatte sich zu einem ängstlichen und kontaktscheuen Erwachsenen entwickelt, der vor Aggressionen zurückwich.

Er war mit Scham erfüllt wegen seiner, wie er es ausdrückte, mangelnden Männlichkeit, auf die er auch viele seiner Hemmungen im Kontakt mit Menschen zurückführte. Er versuchte sich in Männergruppen im Fußballspielen und anderen als männlich identifizierten Sportarten. Gleichzeitig war seine Vorstellung, männlich zu sein, mit der Befürchtung besetzt, wie sein Vater zu werden. So erfüllte es Gerd mit Stolz, noch nie einen anderen Menschen angebrüllt zu haben. In der gemeinsamen Arbeit fanden wir heraus, dass er stattdessen lieber eine Beziehung beendete – sich aber deswegen wiederum nicht für beziehungsfähig hielt. Gerd drückte sein Dilemma bezüglich seiner von ihm wahrgenommenen Unmännlichkeit resignativ-klagend aus.

Als wir darüber sprachen, welchem Zweck denn seine Feigheit in der Kindheit gedient haben könnte, kam er schnell an Gefühle von Todesangst. Er erinnerte sich daran, wie viele Abende er zitternd unter seiner Bettdecke verbracht hatte, erfüllt von der Panik, sein Vater würde ihn oder die Mutter schlagen. Am ehesten war es möglich, den Schlägen des Vaters zu entkommen, wenn er sich klein machte, am besten gar nicht vorhanden war. Ich wies ihn darauf hin, dass seine so genannte Feigheit eine seinen

Möglichkeiten als Kind entsprechende sehr intelligente Strategie gewesen war, die zudem meist funktionierte. Als Reaktion auf meine Interpretation weinte er, und es war sichtbar, dass er erstmals auf die von ihm empfundene Feigheit statt mit Selbstabwertung mit Verständnis reagierte.

Interessanterweise begann Gerd mir nach dieser Stunde von seiner Schlitzohrigkeit und Schlauheit als Kind zu erzählen. Wir beide lachten viel in dieser Stunde, Gerd wirkte befreit und gelöst. Er fand heraus, wie er mittels Schwäche und Angst schon viele Menschen manipuliert hatte, sich für ihn einzusetzen und ihm unangenehme Aufgaben abzunehmen. Aber dieses Mal schwang keine Selbstverurteilung in seiner Stimme mit, sondern heimlicher, ein bisschen schambesetzter Stolz. Er hatte sich mit dem konstruktiven Zweck seiner Feigheit verbunden und sich mit seiner kindlichen Lösung versöhnt.

Die Kreativität und Intelligenz der Lösung entdecken

Im therapeutischen Prozess mit Menschen kann ich den zuletzt beschriebenen Vorgang immer wieder beobachten: den Moment der Versöhnung, wenn der konstruktive Zweck der Lösung und die darin enthaltene Kreativität und Intelligenz erkannt wurden. Es entsteht dann im Raum meist eine Schwingung von Leichtigkeit und Humor – die Schwingung unseres inneren heilen Kindes, ein Aspekt der Liebesenergie. Ich mag diese Stunden sehr. Sie erlauben mir einen tiefen Einblick in das wahre Wesen meines Gegenübers, sodass ich mich selbst jedes Mal bereichert fühle. In diesen Momenten der Integration tritt die heilsame Schwingung der Eigenliebe zutage.

Den neutralen Beobachter einschalten

Um mit dieser Ebene in Kontakt zu kommen, müssen wir die Position des inneren Beobachters aktivieren, der in der Lage ist, alle Bewertungsmaßstäbe von Gut und Schlecht hinter sich zu lassen. Nur unser neutraler Beobachter ist zur folgenden Betrachtungsweise fähig: Meine Lösung hat mir geholfen, das Leben zu meistern, und es geschah auf eine andere Weise, als die Lösungen meines idealisierten Selbstbildes funktioniert hätten. Es geschah so, wie es meinen zu diesem Zeitpunkt bestehenden Möglichkeiten entsprochen hat.

Reife Lösungen setzen eine ausgereifte Persönlichkeit voraus, und zwar auf physischer, emotionaler und mentaler Ebene. Zu dem Zeitpunkt, an dem die Lösung gebraucht wurde, war die Person noch nicht fähig, sich zielgerichtet abzugrenzen. Deshalb musste sie auf instinkthafte, das Überleben sichernde Lösungen des Niederen Selbst zurückgreifen.

Denn tatsächlich haben wir ohne einen eigenen Erfahrungsschatz keine andere Möglichkeit, als über die Identifikation mit unserem sozialen Umfeld, der Stammesmacht, zu entscheiden und zu lernen. Erst aus dem Gelernten und durch die Fähigkeit, Vorgänge zu reflektieren, schaffen wir die Möglichkeit, andere Lösungen in Erwägung zu ziehen und diese auch anzuwenden. Warum uns also für etwas verurteilen, was unserem damaligen Wissen entsprach?

Das Gute in den eigenen Lösungswegen finden

Statt also auf eigene Lösungswege mit Scham-, Schuldgefühlen oder Bewertungen zu reagieren, nur weil sie nicht »perfekt« sind, ist es weitaus sinnvoller, mit der Frage zu reagieren: Wie hat mir mein Verhalten gedient?

Dieser Blickwinkel basiert auf der jetzt bereits geübten Bereitschaft zur Selbstannahme und hilft selbstbegrenzendes Verhalten neu auszurichten. Ich stehe oft mit

Erstaunen und Respekt vor den Strategien, die meine Klienten für sich gefunden haben. Sie spiegeln Kreativität, Intelligenz und Lebenswillen.

Mir fällt dazu Ursula ein, die immer, wenn sie in der Kirche Weihrauch roch, in Ohnmacht fiel und der auf diese Weise die verhassten Kirchenbesuche erspart blieben. Ich denke dabei auch an Franz, dem es durch seine enorme Fähigkeit zur Anpassung gelungen war, in einem lieblosen und strengen Elternhaus zum Liebling der Großmutter zu werden und sich damit eine Menge an positiver Zuwendung zu sichern. Oder Brigitte, der es durch ihre permanente Ausstrahlung von Feindseligkeit gelang, den Vergewaltigungen und dem missbräuchlichen Verhalten durch den Vater meistens zu entkommen. Und Gudrun, die bei einer Mutter aufwuchs, die immer wieder psychotische Schübe hatte, lernte sich selbst emotional völlig auszuschalten, denn so konnte sie die während der psychotischen Phasen ihrer Mutter stattfindenden verbalen Attacken mit einem relativ gesunden Selbstbild überleben.

In jeder persönlichen Lösung ist dieser konstruktive Zweck zu finden. Aus dem Wunsch, zu leben und sich vor Schmerzen zu schützen, hat unser Niederes Selbst viele Lösungsmöglichkeiten geschaffen. Sie entsprechen zwar nicht den Lösungen unseres Idealisierten Selbst oder gar unseres Höheren Selbst, sie sind meistens auch weder mutig, witzig oder spirituell, sie spiegeln keinen Edelmut oder innere Größe, sie sagen einfach nur: Ich will leben, und ich will möglichst schmerzfrei leben, und ich finde mittels meiner Fähigkeiten einen Weg dazu. Aber sind diese Lösungsmöglichkeiten deswegen schlecht, verurteilenswert oder böse?

Sich etwas mehr Anerkennung für die gefundenen Lösungen zu schenken bedeutet, sich augenblicklich ein ganzes Stück mehr zu lieben. Das ist die Voraussetzung zur Weiterentwicklung.

Erst durch diese Sichtweise wird die ganze Kreativität hinter den meist kindlichen Lösungen sichtbar. Auf dieser Basis können die Fragen reifen: Entspricht diese Lösung noch meinen heutigen Mitteln und Fähigkeiten? Habe ich mir heute stärkere und effektivere Lösungswege erschlossen? Wo kann ich sie sehen? Wo wende ich sie bereits an? Was hat mir geholfen, den Mut und die Stärke dazu zu finden?

Wie hat die frühere Lösung gewirkt?

Um den konstruktiven Zweck einer frühen Strategie herauszufinden, ist die Frage hilfreich: Wie hat mein Verhalten genau gewirkt?

Gerd hatte sich, wenn der Vater betrunken war, klein gemacht. Manchmal, so erzählte er, fing er, wenn der Vater ihm gefährlich erschien, laut an zu weinen, oder er fing beim geringsten Ansatz von körperlicher Aggression laut an zu schreien, lange bevor es wehtat. Eine andere Möglichkeit war, sich hinter der Tür oder unter der Bettdecke zu verstecken.

Im ersten Fall bekam der Vater, der, wenn er nicht betrunken war, auch sehr liebevoll sein konnte, Schuldgefühle und hörte auf zu schlagen. Schrie Gerd laut, so konnte er sicher sein, dass der Vater aus Furcht vor den Nachbarn aufhörte zu prügeln. Hätte die Mutter auch geschrien, so vermutete Gerd, hätte sie den Aggressionen des Vaters ebenfalls entgehen können.

Gerd wusste also bereits sehr früh, dass er durch die Strategie des lauten Schreiens wesentlich erfolgreicher sein würde als seine Mutter. Aus Scham vor den Nachbarn gab sie keinen Laut von sich, in der Hoffnung, sozial nicht aufzufallen. Gerds Lösung bewirkte allerdings auch eine starke Verachtung von Seiten des Vaters, in dessen Augen Gerd nicht dem Bild eines richtigen Jungen entsprach.

Zum konstruktiven Zweck seiner Lösung bekam er erst durch unsere Arbeit wieder Kontakt. Vermutlich deswegen, weil er sich mit der Bewertung des Vaters identifiziert hatte und der Inhalt der Identifikation für ihn so beschämend war, dass alle konstruktiven Inhalte in den Hintergrund rückten.

Es ist wichtig zu erkennen, dass auf eine Lösung, obwohl konstruktiv, im Bewusstsein der Person nicht notwendigerweise Stolz darauf vorhanden sein muss. Statt sie als gute Strategie für eine schwierige Situation zu begreifen, wird sie durch die vorgenommene Identifikation auf die ganze Person übertragen. Dadurch wurde bei Gerd aus »Ich konnte durch lautes Schreien den alkoholbedingten Schlägen meines Vaters ausweichen« ein »Ich bin feig und schreie immer gleich los«. Selbst wenn Gerd diese Haltung zu der seinen gemacht und sich dafür abgewertet hatte, blieb es dennoch eine funktionierende Lösung, die seinem Entwicklungsstand als Kind entsprach und gewirkt hatte.

Durch die Identifikation mit der gefundenen Lösungsstrategie werden andere Verhaltensweisen oft gar nicht richtig wahrgenommen oder sie werden unterbewertet. Die schambesetzte Lösungsstrategie dagegen wird überbewertet und verallgemeinert. Sich mit dem konstruktiven Zweck einer Verhaltensweise auseinander zu setzen hilft, sie dort hinzustellen, wo sie hingehört, sie nämlich als einen meist kindlichen Lösungsweg gegen Schmerzen und Leid zu sehen.

Übungsteil

Versuchen Sie herauszufinden, welchem Zweck Ihre frühere Lösung für ein Problem gedient und wie sie Sie geschützt hat.

Wie alt waren Sie, als Sie begonnen haben, Ihre Lösung anzuwenden?
Welche Fähigkeiten sich abzugrenzen hat Ihrer Meinung nach ein Kind dieses Alters?
Wie würden Sie heute mit solch einer Situation umgehen?

Beginnen Sie einen Dialog mit Ihrem inneren Kindbewusstsein. Danken Sie ihm für seine Lösung und entschuldigen Sie sich bei ihm, dass Sie diese so lange nicht gewürdigt haben.

Gehen Sie gedanklich möglichst viele Alltagssituationen durch und versuchen Sie herauszufinden, wo Sie Ihre kindliche Lösung nach wie vor praktizieren, obwohl Ihnen heute effektivere und konstruktivere Mittel zur Verfügung stehen.

Kapitulieren Sie, nehmen Sie sich ganz an, denn Sie werden Ihre Energien darauf richten, dieses Verhalten neu auszurichten.

Arbeiten Sie wieder mithilfe der Atemtechnik.

Die verursachende Einstellung für Opfergefühle erkennen

Sie sind jetzt mit dem konstruktiven Zweck Ihrer kindlichen Konfliktlösung in Kontakt gekommen. Vielleicht können Sie sich mittlerweile mit einem Lächeln anschauen und die Kreativität Ihrer persönlichen Lösungsstrategie erkennen. Nun sollte es Ihnen möglich sein, auch Kontakt zu der Einstellung aufzunehmen, die Ihr Opfergefühl verursacht hat. Sie werden dabei Einschärfungen und Glaubenssätzen begegnen, die in Ihrem Gesamtsystem begrenzend und entwicklungsbehindernd wirken. Es sind Erfahrungen, mit denen Sie sich identifiziert haben, die Sie als persönliche Wahrheiten anerkannt haben und innerhalb derer sie sich frei bewegen können – ihre Sicherheitszone.

Gerd hatte sich mit der väterlichen Bewertung identifiziert und sich selbst als feig und schwach abgewertet. Dadurch konnte er keinen Kontakt zu seiner Stärke und seinem Mut herstellen und deshalb diese Fähigkeiten auch nicht trainieren. Wenn er sich mutig oder kraftvoll verhielt, erkannte er es nicht oder interpretierte es falsch. Seine Selbstbegrenzung ließ eine andere, nicht in das Bild des feigen, kleinen Jungen passende Sicht nicht zu. Er blieb in seiner Selbstwahrnehmung der »feige«, kleine Junge, der laut losschrie oder sich zurückzog.

Unsere Identifikationen wahrzunehmen kann unter Umständen ein sehr schmerzhafter Prozess sein. Denn wir erkennen damit gleichzeitig, dass wir uns unser ganzes bisheriges Leben lang mit einer Erfahrung und einer daraus resultierenden Strategie identifiziert haben, die zwar unter bestimmten Lebensumständen ein konstruktives, schützendes Verhalten war, die aber unserem wahren Wesen nicht gerecht wurde und unseren Ausdruck bis heute einengt.

Maria begann ihre Einzelarbeit mit mir im Alter von 56 Jahren. In ihr traf ich eine Person mit gut entwickelten analytischen und intellektuellen Fähigkeiten an. Als Problem stellte sie ihre Beziehungslosigkeit dar. Zwischen Überheblichkeit und Minderwertigkeit hin und her schwankend, konnte sie sich eine Partnerschaft für sich nicht vorstellen, obwohl sie sich sie sehnlichst wünschte. Einige Male hatte sie sehnsuchtsvolle Beziehungswünsche gehabt, die sie vor den betreffenden Männern stets verheimlichte. Als Ursache für ihre Problematik empfand sie das überstrenge und religiös fanatische Verhalten ihrer Eltern (ein Opfergefühl).

Nach einiger Zeit erkannte sie, dass sie die negative Haltung der Eltern der Sexualität gegenüber sozusagen mit der Muttermilch eingesogen und niemals in Frage gestellt, geschweige denn dagegen rebelliert hatte. Sie hatte sich mit der »moralisch sauberen« Sicherheitszone einer asexuellen, intellektuellen Person identifiziert. Es war ihr anfangs nicht bewusst, dass sich dahinter ihre Versagensängste und ihre Sehnsüchte verbargen. In ihrem Idealisierten Selbstbild erlebte sie sich als »über diesen albernen Sexspielchen anderer Frauen stehend«. Sie hatte die Tendenz, andere Frauen auf ihre Geschlechtlichkeit zu reduzieren.

Hier tritt ihr Problem, ihre Weiblichkeit anzunehmen, zutage und erzeugt Opfergefühle. Die Schwierigkeit, eine Beziehung aufzubauen, begründete sie durch die Primitivität der Männer, die eben nur »das eine« wollten. Frauen, die sich in ihren Augen weiblich kleideten oder verhielten, verurteilte Maria schnell als minderwertig und dumm.

Im Laufe der Arbeit stellte sie fest, wie wenig sie ihren Körper mochte und wie viel Minderwertigkeitsgefühle sich hinter ihrer überlegenen Maske verbargen. Sie spürte ihren Neid auf andere Frauen, die sich eine erfüllte Partnerschaft zugestanden hatten.

Nach einiger Zeit bat ich sie, ihr Fotoalbum zur Therapie mitzubringen. Beim Betrachten ihrer Jugendbilder sagte sie: »Eigentlich war ich doch eine hübsche Frau, ich gefalle mir auf diesen Bildern.« Sie kam in Kontakt mit ihrer Trauer um ihre, wie sie es ausdrückte, »vergeudete Jugend«. Dies war für sie ein sehr schmerzhafter Prozess, weil sie fürchtete, zu viel Zeit vertan zu haben und in ihrem Alter sowieso keine realistische Chance mehr zu haben, sich als sexuelle, weibliche Person zu erleben. Es erfüllte sie mit großer Trauer, zu erkennen, dass sie den Schlüssel zur Lösung ihrer Probleme, ihren Selbsthass, immer gehabt, ihn aber nie verwendet hatte. Stattdessen war sie viel mit dem »Warum« und mit Schuldzuweisungen an ihre Eltern und männliche Personen beschäftigt, die aus ihrer Sicht heraus ihr Leid verursacht hatten.

Es ist für jede Person in jedem Lebensalter ein meist schmerzhaftes Erwachen, wenn sie feststellt, wie viel Zeit, oft ganze Lebensabschnitte, sie damit verbracht hat, Opfergefühle zu nähren und Kompensation zu fordern, statt ihr Leben in die Hand zu nehmen und einen Zustand der Eigenliebe herzustellen. Dennoch kommt man nicht umhin, die verursachenden Einstellungen und Glaubenssätze *in sich* zu suchen, will man sich nicht von anderen »gelebt«, also fremdbestimmt fühlen.

Die Eltern, die Familie, die Gesellschaft, die Kirche können zwar Inhalte des Stammesgesetzes vermitteln und während der Kindheit auf deren Einhaltung bestehen. Für die Aufrechterhaltung der Einschärfungen und die daraus resultierenden Selbstbegrenzungen ist jedoch jede erwachsene Person selbst verantwortlich.

Aus der Erkenntnis wächst die Hoffnung

Glücklicherweise erwächst aus dem schmerzhaften Erkennen Einsicht und dadurch Hoffnung. Schon oft konnte ich in meiner Arbeit mit anderen Menschen Zeuge dieses Prozesses werden. Menschen, die zunächst völlig verstrickt in ihren Opfergefühlen waren, konnten sich Schritt für

Schritt daraus befreien und eine klare Sicht auf innere verursachende Einstellungen erlangen, um dann die Verantwortung für ihr inneres Wohlbefinden in die Hand zu nehmen.

Denn irgendwann wird klar, dass das soziale Umfeld eigene innere Glaubenssätze nicht verändern kann, dass also all die versuchten Manipulationen letztendlich keine Wirkung hatten. Außerdem machen wir alle mehr oder weniger oft die Erfahrung, konkrete Ergebnisse zu erzielen, wenn wir uns für etwas stark machen. Es wirkt enorm kräftigend, wenn Menschen ihre Fähigkeiten erkennen, selbst gestaltend auf eine Situation einwirken zu können.

Beispiele für Wirkungen und deren verursachende Einstellungen

Wirkung: Ich erhalte keine Anerkennung
Ursache: Ich wertschätze meine Leistung nicht

Wirkung: Ich fühle mich dem anderen Geschlecht unter- oder überlegen
Ursache: Ich habe mich ausschließlich als Mann oder Frau identifiziert und leide darunter

Wirkung: Ich fühle mich unfähig, etwas zu verändern
Ursache: Ich vertraue meiner Stärke nicht

Wirkung: Die anderen mögen mich nicht
Ursache: Ich mag mich nicht

Wirkung: Ich bin feige
Ursache: Ich will meinen Mut nicht anerkennen

Die meisten verursachenden Einstellungen fanden früher (und finden oft heute noch) Bekräftigung im sozialen Umfeld, in dem der Betreffende aufgewachsen ist, sodass die Versuchung immer wieder auftaucht, eigene Ursachen in ebendieses System zu projizieren. Es bleibt eine Herausforderung, so lange nachzufragen, bis die verursachende Einstellung im eigenen Ich gefunden wird.

Leider verwechseln viele Menschen diesen Schritt mit der Selbstbeschuldigung, indem sie, statt nach inneren Haltungen zu forschen, denken, fühlen oder sagen: »Ich bin eben selbst schuld«. Dieses Denken wirkt wegen der entstehenden Selbstabwertung systemerhaltend und lässt keine Neuausrichtung zu. Stattdessen verschlimmert sich die eigene Position, da Schuldgefühle, Scham und Selbstabwertung belastend wirken und den Wunsch erzeugen, sich mit der Problematik zu isolieren.

Immer wieder begegnen mir beispielsweise Mütter, die glauben, ihren Kindern nicht genügend oder überhaupt das Falsche gegeben zu haben, Mütter, die sich mit den Gedanken martern, welch »gute« Mutter sie heute mit ihrem inzwischen erworbenen Erfahrungsschatz wären. Aber genau den besaßen sie damals nicht.

Oder ich treffe auf Menschen, die eine Trennung durchlebten, sich ihr Verhalten während der Beziehung vorwerfen und in das »Wenn ich doch nur«-Denken verfallen. Eine nutzlose Beschäftigung, denn über genau die Erkenntnisse, die sie aus der Trennung gezogen haben, verfügten sie während der Beziehung nicht.

Warum nicht stattdessen beginnen, sich selbst zu vergeben? Sich zu vergeben, die Wahlen getroffen zu haben, die damals richtig erschienen und zu diesem Zeitpunkt möglich waren.

Für Maria war es sicherlich eine konstruktive Lösung, auf sexuelle Impulse und Körperlichkeit zu verzichten, um einem Konflikt mit ihren bigotten Eltern auszuweichen und sich der Liebe ihres Gottes wert zu wissen. Konnte sie wirklich von sich verlangen, eine andere Wahl in ihrer Kindheit und Jugend getroffen zu haben? Sie darf sich vergeben, dass sie dem Stammesgesetz ihrer Eltern mit den darin enthaltenen religiösen Vorstellungen blindlings gefolgt ist, denn es war die einzige und damit beste Lösung, die ihr zu diesem Zeitpunkt möglich war.

Erkennt sie aber später die verursachende Einstellung in sich, statt weiterhin Kind und in Abhängigkeit zu den Eltern zu bleiben, dann öffnen sich ihr die Türen zur Veränderung. Es ist ihre Entscheidung, wann sie bereit ist, den verursachenden Einstellungen, nämlich ihrer Bewertung von Körperlichkeit und Sexualität, ins Gesicht zu schauen und sich auf den Weg der Neuausrichtung zu machen.

Wir dürfen uns für den Prozess der Neuausrichtung so viel Zeit nehmen, wie wir brauchen. Wir sollten uns aber gleichzeitig bewusst machen, dass wir die Einzigen sind, die die Macht und die Möglichkeit haben, unser Leid oder unser inneres Unbehagen zu beeinflussen.

Selbstvergebung braucht »Verstofflichung«

Immer wieder wird es auf dem Weg der Neuausrichtung nötig, Selbstvergebung zu praktizieren. Damit wir tatsächlich die Wirkung der Selbstvergebung erfahren, muss sie zur aktiven Handlung werden. Es ist zu wenig, zu sagen: »Das vergeb ich mir jetzt!«, und dabei vielleicht fernzusehen oder Blumen zu gießen. Dann haben wir ein rein gedankliches Geschehen, es findet ausschließlich im Kopf statt und bleibt vermutlich auch dort. Gedanken kommen und gehen, sie sind meist flüchtig. Bevor ihnen Taten folgen, müssen sie »verstofflicht« werden.

Die Gedanken bekommen zunächst durch die Sprache eine klarere Präsenz und werden durch die darauf folgende konkrete Handlung in die Realität gebracht. Ohne diese »Verstofflichung« oder »Verkörperung« des Gedankens bleibt Selbstvergebung ein gedankliches Konstrukt. (Echte

Vergebung anderen gegenüber zeigt sich auch in konkreten Handlungen wie im Ritual des Handreichens, in einer Umarmung oder sogar im Großen durch die Unterschrift unter einen Friedensvertrag.) Wenn einem Gedanken eine physische Konsequenz folgt, haben wir das Gewünschte sozusagen »ins Leben« gebracht, es bekräftigt.

Ein physischer Ausdruck kann sein, sich selbst liebevoll zu berühren, sich auf die Schulter zu klopfen oder vielleicht sogar sich einen Ring oder ein anderes Schmuckstück zu kaufen, welches die vorgenommene Selbstvergebung symbolisiert. Das kann dann ähnlich wie ein Ehering wirken: Er erinnert uns täglich an die getroffene Entscheidung.

Viele dieser Mittel der Verkörperung wenden wir intuitiv bei unseren Kindern an. Wenn sie traurig sind, nehmen wir sie in den Arm. Wenn sie sich verletzt haben, pusten wir, streicheln wir sie oder halten sie. Wenn wir uns nach einem Streit wieder versöhnt haben, umarmen wir sie. Damit sie sich in unserer Abwesenheit nicht fürchten, geben wir ihnen ein Stofftier oder lassen sie in einem unserer T-Shirts schlafen. Da es Kinder nach dieser Körperlichkeit so unmittelbar verlangt, geben wir sie ihnen selbstverständlich und meist großzügig.

Aber machen wir uns auch die heilende Wirkung des Verhaltens bewusst? Und wenden wir es auf uns selbst an?

Vielleicht sollten wir uns die Existenz unseres inneren Kindbewusstseins und dessen Notwendigkeit, Prozesse körperlich zu erleben, öfter vor Augen halten und uns dieser einfachen heilenden Mittel mehr bedienen.

Atem als Mittel der Verkörperlichung

Als verbindendes Glied zwischen Geist und Körper stellt unsere Atmung ein wirkungsvolles Instrument dar, um Selbstvergebung zu einer aktiv in uns wirkenden Kraft zu machen.

Dazu möchte ich die gleiche Übung empfehlen, die im Kapitel »Selbstannahme« vorgestellt wurde (siehe Seite 148 f.).

Ich erlebe oft, dass diese Vorgehensweise vielen Menschen zu Beginn albern oder sogar unnötig vorkommt. In ihr steckt aber die Möglichkeit, gedankliche Vorgänge auf eine körperliche Ebene zu bringen und ihr dadurch Macht zu verleihen.

Viele der Misserfolge von Menschen, die mit Affirmationen arbeiten, sind dadurch zu erklären, dass sie die Affirmationen als einen intellektuellen Vorgang begreifen. Wenn sie dann keine Wirkung zeigen, glauben sie, die Methode funktioniere nicht.

Da die Identifikation mit der Stammesmacht sowie die unmittelbare emotionale Reaktion vom Niederen Selbst ausgeht, braucht jegliche Veränderung auch einen Ansatz, der das niedere Selbstbewusstsein im Menschen mit einbezieht. Das Niedere Selbst, die instinkthaft-animalische Seite des Menschen, ist sehr gut über physische Stimulanz zu erreichen und zu beeinflussen. Genauso, wie es Entscheidungen trifft, um Schmerz auszuweichen und zu vermeiden, kann man es auch über positive, liebevolle körperliche Stimulation zur Mitarbeit in die gewünschte Richtung bewegen. Das Niedere Selbst kann über alle körperlichen Sinne erreicht werden.

Gestalten Sie also Selbstvergebung zu einer aktiven Handlung, die möglichst viele körperliche Sinne in Ihnen anspricht, sodass ihr Niederes Selbst die »Programmänderung« erkennt und sie sich, im wahrsten Sinne des Wortes, einverleibt. Scheuen Sie sich nicht, auch zu »albernen« oder »kindischen« Mitteln zu greifen, denn Ihr Erfolg wird der beste Beweis sein, dass es funktioniert.

Und: Seien Sie geduldig mit sich selbst, denn Schreiben oder Autofahren haben Sie auch nicht an einem Tag gelernt. Wie lange Sie brauchen, hat keine Bedeutung, wichtig ist, dass Sie es tun.

Übungsteil

Stellen Sie sich eine schwierige, prägende Situation Ihrer Kindheit vor:

➤ Wie sah Ihre kindliche Lösung aus?
➤ Was könnte der konstruktive Zweck gewesen sein?
➤ Welche Identifikation haben Sie vorgenommen?
  (Identifikationen erkennen Sie an den »Ich bin«-, »Ich habe«-Sätzen.)
➤ Wie sieht die Lösung Ihres Idealisierten Selbst aus?
➤ Welche lebensgestaltende Einstellung liegt Ihrem heutigen Problem zugrunde?

Versuchen Sie sich zu vergeben, dass Sie Ihre Schlussfolgerungen aus Ihrem Konflikt zu einem gestaltenden Element Ihres Lebens gemacht haben.

➤ Stellen Sie sich die Schwingung von Vergebung als rosa Licht vor, das sich in Ihrem ganzen Körper verteilt und alte Wunden und Begrenzungen heilt.

Was habe ich daraus gelernt?

Auf dem Weg der Heilung unserer Opfergefühle sind wir zwei Schritten begegnet. Unsere Opfergefühle zunächst einmal anzunehmen hat uns geholfen, den Kreislauf von Selbstabwertung, Scham und Selbstbestrafung hinter uns zu lassen. Der zweite Schritt hat uns vor die Herausforderung gestellt, den konstruktiven Zweck unserer gewählten Lösung sowie die verursachende Einstellung für Opfergefühle herauszufinden. Wir haben beide Schritte durch aktive Atemübungen verkörperlicht und Liebe und Anerkennung uns einverleibt.

Der nächste Schritt besteht darin, sich ernsthaft zu fragen: Was habe ich durch die verletzende Situation gelernt? Welche Fähigkeiten konnte ich dadurch erwerben?

Die Fixierung auf negative Lernerfahrung

Frage ich Menschen nach der Lernerfahrung aus einer schmerzhaften Situation, antworten sie zunächst oft: »Ich kann keinem Menschen mehr vertrauen!« Oder: »Ich werde nie wieder sagen, was ich denke!« Oder: »Die Menschen, die ich liebe, enttäuschen mich!«

Antworten dieser Art scheinen mir zu wenig durchdacht. Sie entstammen der Frustration und der Identifikation mit Opfergefühlen. Sie zeigen deutlich die mangelnde Bereitschaft, sich auf Wachstum und Veränderung einzulassen. Sie tragen die Überschrift »Das Leben hat mir schlecht mitgespielt und wird es weiter tun, ich werde mich gegen das Leben zu wappnen wissen, indem ich mich nie wieder darauf einlasse«. Diese Abwehrhaltung spiegelt die unrealistische Hoffnung vieler Menschen, ausschließlich angenehme Erfahrungen machen zu können. In anderen Worten: Die Möglichkeit, an schmerzhaften Erfahrungen zu wachsen, wird abgelehnt und stattdessen die Hoffnung auf immer während Wohlbefinden genährt.

Wie im Märchen vom Schlaraffenland schwebt diesen Menschen ein Leben in vollkommener Bedürfnisbefriedigung vor. Manche glauben dann die Lebensreize in extremen, gefährlichen Sportarten oder ständig wechselnden Beziehungen suchen zu müssen? Warum aber nicht auf die Spannung des Lebens zurückgreifen und sie dort erkennen, wo sie immer kostenlos anzutreffen ist: in den täglichen Herausforderungen des Lebens?

Worin habe ich mich zum Experten entwickelt?

Wie gesagt: In Schmerzen verbergen sich wichtige Informationen und Lernerfahrungen. Sie konstruktiv zu integrieren ist eine der großen Herausforderungen des Lebens. Dann blicken wir in Dankbarkeit auf ihren Wert, statt in Frustration über das Schmerzerleben zu verharren.

In Brigitte, einer jungen Frau und Mutter zweier Kinder, verheiratet und in einem heilenden Beruf tätig, traf ich eine sensible, intelligente Frau an, die eine außerordentlich entwickelte intuitive Wahrnehmung der Befindlichkeit anderer Menschen besaß. Fühlte sie sich bedroht, angegriffen oder verletzt, war sie augenblicklich in der Lage, eine Mauer aus Feindseligkeit und Aggressionsbereitschaft um sich herum aufzubauen und sich auf diese Weise oft erfolgreich zu schützen. Dieses Verhalten hatte natürlich auch eine Kehrseite, da sie ihre Kontaktfähigkeit dadurch erheblich eingeschränkt fühlte.

Beim Blick auf ihre Geschichte stellte sich heraus, dass ihre Schwester und auch ihr Bruder über Jahre hinweg vom Vater sexuell missbraucht wurden. Sie selbst ist relativ glimpflich davongekommen, es blieb in ihrem Fall bei wenigen Übergriffen.

Zu Beginn unserer Arbeit verzichtete Brigitte auf sämtliche Attribute weiblichen Ausdrucks. Sie schminkte sich praktisch nicht, trug stets Hosen und figurverhüllende Oberteile.

Im Kontakt mit mir war sie schnell bereit, sich zu verschließen und sich emotional nicht mehr berühren zu lassen. Selten sprach sie positiv von ihrem Partner, obwohl mir die Ehe recht gut zu sein schien. Die Bereiche, in denen sie sich mochte oder glücklich war, Therapieerfolge und alles, was ihr irgendwie verletzlich erschien, verbarg sie sorgfältig. Sie erlaubte mir keinen Blick darauf. Sie präsentierte mir anfangs stets ihre strenge, sich überfordernde und kontaktvermeidende Seite. Ich selbst hatte dabei oft den Eindruck, von ihr sehr genau beobachtet und eingeschätzt zu werden.

Auf meine Frage, wie sie es in Abgrenzung zu den Erfahrungen ihrer Geschwister geschafft hatte, dem verletzenden und missbrauchenden Vater zu entkommen, erzählte sie mir, dass sie durch Anstarren und Feindseligkeit jeden Kontakt mit dem Vater unterbunden habe, sodass er sie nicht mehr angefasst habe. Sie habe grundsätzlich den Vater gemieden, sei ihm körperlich ausgewichen, habe sich ihm entwunden oder sei so aggressiv gewesen, dass er keinen Körperkontakt zu ihr wollte.

Außerdem war sie in der Lage, durch genaue Beobachtung die Tage herauszufinden, in denen der Vater besonders gefährlich war. Dies war ihr aufgrund des Verständnisses seines nonverbalen Verhaltens sowie seines Gesichtsausdrucks gelungen. Sie benutzte dabei die Wortwahl »Ich habe es regelrecht gerochen, wenn gefährliche Tage waren«. Man bedenke, dass dieses Kind fünf bis elf Jahre alt war, als es diese Fähigkeiten entwickelte.

Brigitte brachte einmal Familienfotos in die Therapiestunde mit, auf denen diese Mechanismen sichtbar wurden. Ihre ältere, vom Vater ebenfalls vergewaltigte Schwester wurde vom sozial in die Kamera hineinlächelnden Vater auf dem Arm gehalten. Der Ausdruck dieses Kindes hatte etwas Gequältes, Angsterfülltes. Brigitte stand auf der Erde, mit einem trotzig verzogenen Gesicht, die Beine eng nebeneinander, in einer kampfbereiten Körperhaltung. Beim Betrachten dieses Bildes erfüllten mich Achtung und Liebe zu diesem kleinen, mutigen und kämpfenden Wesen und seiner Lösung.

Im Laufe der Arbeit fragte ich sie einmal, ob sie denn nicht stolz auf ihr inneres Kind sei und dessen erfolgreiche Gegenwehr. Sie reagierte zunächst nonverbal, schien meiner Frage gegenüber abweisend, entspannte sich dann aber und ein vorsichtiges Lächeln überlief ihr Gesicht. Es war mir klar, dass ich eine geheime Ebene in Brigitte angesprochen hatte. Ich sprach mit ihr dann über die in der Kindheit entwickelte Fähigkeit, nonverbale Kommunikation zu erkennen, zu interpretieren und einzusetzen, und wies darauf hin, dass ich selbst in meine Ausbildung zur Körpertherapeutin eine Menge Geld investiert hatte, um dies zu lernen. Anschließend nahm ich eine starke Verbindung zwischen uns wahr, mir schien, als erlaubte Brigitte mir zum ersten Mal, an ihrer Seite zu stehen.

Später drückte sie mir in ihrer Weise aus, wie gut ihr meine Interpretation getan hatte: Sie ließ Kontakt zu. Brigitte war zuvor vollkommen mit der Bewertung ihrer Eltern identifiziert, die sie immer wieder als nicht liebenswert bezeichnet hatten.

So hatte sie zwar eine äußerst kreative Lösung gefunden, sie konnte sich dafür aber keine Anerkennung geben, weil sie sich für feindselig hielt. Sie konnte mir sogar genau erklären, wie sie diese feindselige Aura herstellen konnte, wie sie in Sekundenschnelle zum »Kaktus« wurde. Mir erschien dabei am wichtigsten, dass sie Liebe zu den Lösungen ihres inneren Kindes fühlte und sich davon verabschiedete, sich als feindseligen »Kaktus« zu definieren.

Brigitte begann ihre zwar ungewollte und ungeliebte, aber trotzdem damals wie heute extrem nützliche »Fortbildung« in nonverbaler Kommunikation und Abgrenzung zu erkennen. Sie hatte wirklich von Grund auf gelernt, zwischen den Zeilen zu lesen. In ihrem heutigen Beruf stellte diese Fähigkeit ein nützliches Instrument dar und machte einen wesentlichen Teil ihres Erfolges aus.

Durch ihre schmerzhaften Kindheitserfahrungen war Brigitte zur Expertin für nonverbale Kommunikation und Abgrenzung geworden. Durch diese Neuinterpretation konnte sie gleichzeitig aufhören, sich als Missbrauchsopfer zu definieren.

Nahe liegende Reaktionen auf Beispiele wie diese traumatische Missbrauchserfahrung sind meist Entsetzen oder

Mitleid. Beide sagen, alles das hätte nicht geschehen dürfen, und beide nähren somit die aus solchen Erfahrungen fast zwangsläufig gebildeten Opfergefühle.

Alle Versuche, das persönliche Geschichtsbuch umschreiben zu wollen, sind aber vergeudete Energie. Sinnvoller ist es daher, die Frage zu stellen: Was hat die Person durch ihre Erfahrung gelernt? Welches Potenzial hat sie dadurch entwickelt? In welchen Bereichen hat sie sich zum Experten ausgebildet? Wie kann ich sie unterstützen, sich dafür anzuerkennen, zu lieben und ihre Qualitäten nutzbringend einzusetzen?

Mit einem neuen Blickwinkel Selbstachtung und Würde wiederherstellen

Brigitte musste sich, um dieses Ziel zu erreichen, von verschiedenen Gedankengängen lösen: einmal davon, dass ihr und ihren Geschwistern dieser Missbrauch nicht hätte geschehen dürfen, denn im Nachhinein kann nichts mehr verändert werden. Weiterhin war es nötig, ihre Fixierung auf den Vater, auf seine Motivation für das verantwortungslose, missbrauchende Verhalten und den Wunsch, ihn zu bestrafen, zu beenden. Denn selbst wenn sie genau verstehen würde, warum ihr Vater so gehandelt hat, und er seine »gerechte« Strafe abgebüßt hätte, würde sich in ihrem inneren Empfinden nichts Grundlegendes geändert haben. Strafrechtliche Verfolgung hilft den Opfern nur dahin gehend, dass sie sich in dem ihnen widerfahrenen Unrecht gesehen fühlen. Sie kann aber die Opfergefühle nicht auflösen. Äußere Veränderung ersetzt keine innere.

Als Nächstes musste Brigitte den konstruktiven Zweck ihrer Reaktionsweise anerkennen. Als sie begriff, dass der blitzschnelle Aufbau einer »Kaktusaura« ein vollkommener Schutz gegen den Vater war, konnte sie einen wohlwollenden, humorvollen Kontakt zu diesem Mechanismus aufnehmen.

Von dort aus konnte sich Brigitte an die verursachende Einstellung heranwagen. Sie befand sich als Kind in dem Dilemma, sich einerseits eine liebevolle Beziehung zu ihrem Vater zu wünschen, andererseits aber durch Beobachtung und Erfahrung zu erkennen, dass ihr Vater Liebe meist über sexuell missbrauchendes Verhalten und Vergewaltigung ausdrückte. Durch ihre feindselige Haltung dem Vater gegenüber schaffte sie sich Sicherheit vor dieser Form des Kontaktes, identifizierte sich aber gleichzeitig mit der Aussage des Vaters, man könne sie nicht lieben, denn sie sei böse. So erschuf sie ein Bild von sich als nicht liebenswerte Person, die auch gleichzeitig der Liebe auswich, da in ihrer Vorstellung zur Liebe immer auch Übergriffe dazugehörten.

Und vor allem durfte Brigitte sich nicht länger nur als Missbrauchsopfer identifizieren, denn das war nur ein kleiner Ausschnitt dessen, was sie insgesamt war. Stattdessen begann sie sich aus einer neutralen Beobachterposition unter der Fragestellung zu betrachten:

- Welche Qualitäten habe ich durch diese Erfahrung entwickelt?
- Worin und wie drückt sich meine emotionale Intelligenz aus?

Unter diesem Blickwinkel betrachtet, stellten wir dann zunächst fest, dass sie zu einer Expertin für das Thema »Grenzen« geworden war. Brigitte hatte keinerlei Probleme, klare Grenzen aufzubauen und auszudrücken, auch wenn sie sie oft in destruktiver Weise einbrachte. Weiterhin hatte sie durch ihr ständiges Beobachten des Vaters ein enormes Einfühlungsvermögen erworben. Nonverbale Botschaften zu erkennen und zwischen den Zeilen zu lesen war für sie einfach. Ihr Gespür für Gefahr war herausragend entwickelt, und sie konnte ihre Wahrnehmung von Gefahr auch in eine abgrenzende Handlung umsetzen.

Außerdem war sie eine mutige und starke Person, die sich für ihre Ziele einsetzen konnte, selbst wenn sie von ihrer primären Bezugsgruppe angegriffen und verraten wurde. Sie hatte gelernt, sich gegebenenfalls für sich zu entscheiden, trotz der Ausschlussdrohung ihrer Herkunftsfamilie, ihrer Stammesmacht.

Jegliche körperliche Gewaltanwendung lehnte Brigitte ab und sie hatte durch das abschreckende Beispiel ihres Vaters eine starke diesbezügliche Hemmung aufgebaut.

All diese Qualitäten bildeten in ihrem Beruf und ihrem Privatleben ein wunderbares »Betriebskapital«, das ihr half, beides erfolgreich zu leben.

Als ich Brigitte auf ihre besonders entwickelte Fähigkeit hinwies, nonverbale Kommunikation zu erkennen und zwischen den Zeilen zu lesen, fragte sie mich, ob dies denn nicht völlig normal sei.

Diese Frage ist typisch für die Selbstauswertung vieler Menschen. Sie sind der Meinung, mit allen ihren Talenten völlig durchschnittlich zu sein, ihre unentwickelten Seiten erscheinen ihnen aber extrem unentwickelt. Ihr »Glas Wasser« ist halb leer, weil ihre Gedanken und Gefühle damit beschäftigt sind, die Vergangenheit abzulehnen, ungeschehen machen zu wollen beziehungsweise sich durch die gemachten Erfahrungen bestraft zu fühlen.

Letztendlich zählt nicht so sehr, wie wir etwas gelernt haben, sondern ob wir es gelernt haben. Und wenn wir anerkennen, was wir gelernt haben, entwickeln wir Respekt für uns. Wir erkennen uns als Experten für bestimmte Qualitäten, die wir auf unangenehme, oft schmerzhafte Weise gelernt haben.

Heilung findet im Innen statt

Den Lernwert einer Erfahrung anzuerkennen führt nicht unbedingt zur Versöhnung mit den beteiligten Personen. Brigitte sagen zu lassen: »Danke, lieber Vater, dass du mich und meine Geschwister missbraucht und vergewaltigt hast«, wäre blanker Zynismus und ist keineswegs das Ziel.

Es spricht nichts dagegen, den Vater anzuzeigen und ihm dadurch zu ermöglichen, das Unrecht seines Verhaltens zu erkennen und in sich Heilung zu erarbeiten. Erst wenn der Vater in Kontakt mit seinem destruktiven Potenzial und den sich dahinter verbergenden Gefühlen käme, könnte er einen Weg der Integration beschreiten. Dann könnte er seine Kinder um Vergebung bitten und ein konstruktiver Kontakt zwischen allen könnte möglich werden.

Aber da Heilung im Innen stattfindet, kann Brigitte Heilung in sich finden, ohne einen Kontakt mit dem Vater haben zu müssen. Wenn sie sehr weit geht, wird sie sich die Frage stellen: Welche Identifikationen hat mein Vater in seiner Geschichte vorgenommen, dass er Vergewaltigung und Missbrauch für eine akzeptable Umgehensweise mit seinen Kindern hält?

Das Verlangen nach Rache loslassen

Diese Frage jedoch muss nicht notwendigerweise aufgeworfen und beantwortet werden, damit Brigitte ihre Selbstachtung und Würde wiederherstellen kann.

Für ihr Wachstum und ihren inneren Frieden ist es dagegen von enormer Bedeutung, sich mit den innerlich getroffenen Entscheidungen auszusöhnen und deren Wert für das eigene Leben zu erkennen – zu erkennen, dass sie sich trotz des moralisch indiskutablen Verhalten des Vaters viele wertvolle Qualitäten erarbeitet hat.

Dieser Schritt ist schwerer, als er klingen mag. Denn es ist nicht leicht, sich zuzugestehen, dass man durch destruktives und liebloses Verhalten einer Person, an die man alle seine Erwartungen, geliebt zu werden, geknüpft hat, persönlichen Profit gezogen hat.

Unsere Gefühle möchten uns an dieser Stelle lieber zu einer alttestamentarischen Vorgehensweise verführen, einen »gerechten« Ausgleich schaffen und Auge um Auge, Zahn um Zahn fordern. Wenn wir das verlangen, machen wir uns aber nicht klar, dass wir durch diese Haltung unserer eigenen Heilung im Weg stehen und uns selbst somit am meisten bestrafen.

Ich möchte hierzu ein persönliches Beispiel einbringen: Mein Mann hatte sich in eine andere Frau verliebt, die ich im Weiteren Gertrud nenne. Unsere eigene Beziehung war, von uns beiden unbemerkt, in Stagnation und Routine verfallen – ein geeigneter Nährboden, um sich in eine andere Person zu verlieben.

So hatte er sich also verliebt, und in meinen Augen bestand Gefahr, dass ich alles das, was ich bisher als selbstverständlich gesehen und als mir zustehend betrachtet hatte, mit einem Schlag verlieren könnte. Wir begannen intensiv an unserer Beziehung zu arbeiten, Verkrustungen und Stagnationen aufzubrechen, um unsere Liebe füreinander wieder zu entdecken, sogar auf eine neue, schönere Stufe zu bringen. Alle Gefahr von Trennung war nach einer Weile vorbei, ein neuer Frühling begann für uns.

Daneben behielt ich aber meinen Ärger und meine Schuldzuweisung auf Gertrud bei, als deren Opfer ich mich betrachtete. Mein Ärger kam mir absolut gerechtfertigt vor: Wollte sie mir nicht »meinen« Mann ausspannen? Unversöhnlich gegen Gertrud, machte es mir Spaß, sie heimlich weiterhin als die Schuldige zu verstehen, und das, obwohl die Beziehung zu meinem Mann eine neue, tiefere Innigkeit gefunden hatte.

Es war mir im Innersten klar, dass ich mich mit meiner feindseligen Haltung Gertrud gegenüber vollkommen im Unrecht befand, ich war aber zunächst nicht bereit, darauf zu verzichten. Durch meinen inneren Beobachter erkannte ich genau, dass ohne Gertruds Versuch, meinen Mann zu erobern, unsere Beziehung vermutlich immer noch stagnieren würde, dass ich mich vielleicht selbst verliebt hätte oder dass eine andere Frau das aktivierende Prinzip für unsere notwendige Krise geworden wäre. Irgendwann sagte ich zu einer Freundin:»Was mich am meisten ärgert, ist, dass ich ihr auch noch dankbar sein müsste.«

Ich erfand eine Rechtfertigung nach der anderen, um in meiner schuldzuweisenden, unversöhnlichen und gekränkten Haltung verharren zu können. Es dauerte eine ganze Weile, bis ich mir wirklich eingestehen konnte:»Ich bin Gertrud dankbar, denn durch ihren Impuls hat sich die Beziehung zu meinem Mann erheblich verbessert.«

Ich glaube, auf diese Zusammenhänge weist Jesus Christus hin, wenn er sagt: Liebet eure Feinde. Und ich denke, er meinte damit sowohl die inneren ungeliebten Schattenanteile als auch Personen, die wir als Feinde betrachten, weil sie scheinbar Reibung und Leid in unser Leben bringen. Genau das sollte unsere Haltung sein, wenn wir all das Wissen aus unseren Verletzungen als konstruktive Kraft verfügbar haben wollen.

Diese Haltung beinhaltet so etwas wie einen Verzicht: den Verzicht, sich als Opfer zu fühlen. Ich erinnere mich gut, durch welch widerstreitende Gefühle ich im obigen Beispiel gegangen bin. Ohne Gertruds Intervention hätte ich mich vielleicht nie so geöffnet, wie ich es schließlich tat. Ohne die dadurch ausgelösten Schmerzen wäre unsere Ehe vielleicht heute geschieden oder wir wären ein weiteres Paar, das in Lieblosigkeit und Gleichgültigkeit zusammen funktioniert. Aber selbst als mir das alles bereits vom Kopf her klar war und ich keine logische Rechtfertigung für meine negative Haltung Gertrud gegenüber fand, bestand ich in meinen Gefühlen immer noch auf meiner Kränkung und der daraus resultierenden Schuldzuweisung gegen sie. Es hat mich größte Selbstüberwindung gekostet, wirklich anzuerkennen, dass aus ihrer Handlung für uns ausschließlich Gutes erwachsen ist.

Um wirklich unsere Lernerfahrungen konstruktiv nutzen zu können, müssen wir den Schmerz der Verletzung als notwendiges Instrument annehmen, durch das wir gewachsen sind und wichtige Dinge gelernt haben. Dann erwerben wir uns das, was als emotionale Intelligenz bezeichnet wird.

Wenn ich in Vorträgen oder in Seminaren über diese Notwendigkeit spreche, werden mir oft Einwände entgegengehalten wie: »Was soll man schon groß aus Vergewaltigungen gelernt haben?«, »Wie soll ich durch Lieblosigkeit zu einer ›Expertin‹ geworden sein?«. Oder: »Das ist ja wohl blanker Zynismus, zu sagen, dass eine Kindheit mit einem Alkoholikerelternpaar mich zu einem Experten für etwas macht!«

Mir fällt es schwer, darauf mit einem Satz zu antworten, zumal Kommentare dieser Art oft keine andere Meinung gelten lassen als die, welche die Opfergefühle der Betroffenen bestätigt. Es erfordert den wirklichen Wunsch nach einer Antwort und eine intensive Hinwendung, um sich selbst diese Fragen zu beantworten. Trotzdem habe ich in meiner Arbeit herausgefunden, dass Menschen, wenn sie sich der oben genannten Sichtweise öffneten, nach kurzer Zeit viele konstruktive Qualitäten entdeckten, die sie sich durch die Leid verursachende Situation erworben hatten.

Opfer sind arm – Experten sind reich

Ich habe es schon an früherer Stelle gesagt: Opfergefühle wirken ich-schwächend. Betroffene Personen neigen zu Identifikationen und diesbezüglichen Wortwahlen, die ihr Armutsdenken ausdrücken. Sie sagen von sich: Ich habe nicht ...! Ich bin nicht ...! Ich bin arm dran! In ihrer Selbstwahrnehmung sind sie arm, benachteiligt, zu kurz gekommen. Erfolgreiche Menschen, so erscheint es ihnen, hätten es einfacher gehabt, sie hätten bessere Voraussetzungen, bessere Ausbildungen gehabt. Auch diese Unterstellungen sind ein Ausdruck des Armutsdenkens.

Erfolgreiche Menschen haben aber genauso wie jeder andere schwierige Lebenssituationen zu meistern. Ihre Lebensauswertung folgt aber anderen Fragestellungen. Statt die Vergangenheit grollend festzuhalten, fragen sie: Was habe ich daraus gelernt? Und in welcher Weise wirkt sich dieses Wissen heute für mich nützlich aus?

Erfolgreiche Menschen mit einem guten Selbstbild haben sich bewusst oder unbewusst entschlossen, zu Experten zu werden. Durch ihre Lebensauswertung fühlen sie sich als Spezialist auf einem Gebiet. Sie haben etwas besonders gut gelernt, sind in einem oder mehreren Bereichen besonders gut ausgebildet. Sie sind stolz darauf und vertrauen ihren Fähigkeiten.

Da das Leben niemanden »einfach so« bevorzugt, kann sich jede Person diese Sichtweise zu Eigen machen. Negative Erlebnisse der Vergangenheit aus dieser Perspektive zu betrachten erlaubt es, sich als Experten zu verstehen, als Menschen mit ganz besonderen Erfahrungen.

Übungsteil

Wählen Sie fünf Erfahrungen aus Ihrem Leben, die Sie kränkend oder verletzend empfunden haben.
Betrachten Sie diese jetzt aus diesen Blickwinkeln:

➤ Wollte die verletzende Person mir schaden?
➤ Wie habe ich meine Rachegedanken umgesetzt?
➤ Was hätte die Person anders machen sollen, um mir die Verletzung oder Kränkung zu ersparen?
➤ Welche Entscheidungen haben Sie getroffen, um zukünftige Verletzungen oder Kränkungen zu vermeiden?

Ändern Sie jetzt Ihren Blickwinkel hin zu der Frage: Was konnte ich durch die Verletzungen oder Kränkungen für mich lernen, in welcher Weise bin ich dadurch innerlich gewachsen?

➤ Welche Gefühle konnte ich durch die Handlung der verletzenden Person bei *mir* beobachten? (Achten Sie auf Ich-Botschaften: Mache ich wirklich eine Aussage über *mich*?)
➤ Was habe ich über *meine* Kommunikation gelernt?
➤ Bei sich wiederholenden Verletzungen oder Kränkungen: Welche Verhaltensweisen oder Qualitäten habe ich dadurch gelernt, weil ich gezwungen war, mit der Verletzung umzugehen? (Einige Beispiele: Ich wurde sehr früh selbstständig. Ich habe gelernt, für mich alleine zu sorgen. Ich habe mir eine große Menschenkenntnis erworben. Ich kann mich gut abgrenzen.)

Gibt es Menschen, gegen die Sie nach wie vor Rachegefühle hegen?

➤ Was hindert Sie, diese Gefühle loszulassen?

Zielplanung

Sie haben sich jetzt alle zur Neuausrichtung notwendigen Schritte erarbeitet und stehen nun vor den Fragen:

- Was ist mein persönliches Ziel?
- Welche Haltung möchte ich mir meinem Problem gegenüber zu Eigen machen?

Haben Sie beispielsweise als verursachende Einstellung mangelnde Eigenliebe herausgefunden, sollten Sie sich jetzt fragen:

- Welche konkreten Möglichkeiten der Einflussnahme habe ich?
  Selbstabwertung? – Sackgasse!
  Ignorieren? – Bedeutet Systemerhaltung!
  Manipulation anderer? – Wirkt bestenfalls kurzfristig!

Von diesen Lösungsversuchen haben Sie sich verabschiedet! Jetzt geht es um einen Lösungsweg, der aus Ihnen erwächst, der Ihnen entspricht, der Sie stärkt und in Ihrem Wachstum fördert. Als Werkzeug bietet sich die Visualisierung an, mit der Sie ein inneres Bild der gewünschten Haltung entstehen lassen.

Stellen Sie sich eine leere Leinwand vor. Projizieren Sie darauf Stück für Stück ein detailgenaues Bild dessen, was Sie erreichen wollen, was Sie konkret verkörpern wollen.

Machen Sie sich bewusst, dass das Leben niemanden bevorzugt. Es schüttet seine Gaben gleichmäßig über alle aus. Es liegt an Ihnen, diese Gaben für sich zu beanspruchen und zu verwalten. Alles, was andere für sich erreicht haben, ist Ihnen mit dem entsprechenden Aufwand auch möglich.

Woran liegt es also, dass Sie meinen, zum Beispiel so wenig liebenswert zu sein? Die Ursache und damit auch die Lösung können Sie nicht im Außen finden.

»Wenn ich eine besser bezahlte Arbeitsstelle hätte, würde ich mich wertschätzen.« »Wenn mein Körper über idealere Maße verfügte, würde ich mich lieben.« »Wenn ich eine Beziehung hätte, wäre ich glücklich.« – All das sind wieder Außenprojektionen. Damit können Sie einen inneren Zustand nicht wirklich verändern, sie ziehen zwangsläufig Opfergefühle nach sich.

Franz, 43 Jahre alt, war ein überdurchschnittlich gut ausgebildeter Heilpraktiker mit zahlreichen Zusatzausbildungen. Er beklagte sich, dass trotz seines guten Ausbildungsstandes seine Heilpraktikerpraxis nicht voll werde. Seine Werbungsaktionen zeigten bisher wenig Wirkung. Er fühlte sich als Opfer unseres Gesundheitswesen, das alternative Medizin nicht anerkenne. Beim Sprechen darüber wirkte er resignativ, sein Neid auf erfolgreichere Kollegen und Kolleginnen war deutlich spürbar.

Nach dem Durcharbeiten seiner Problematik erkannte er als verursachende Einstellung einerseits sein schlechtes Selbstwertgefühl. All die Zusatzausbildungen hatten nicht geholfen, dies zu verändern. Andererseits hatte er eine verzerrte Vorstellung von Spiritualität. Er dachte, »spirituell« zu sein bedeute auch, in Armut zu leben und ohne Bezahlung zu arbeiten. Dieses Denken stand in Widerspruch zu seinem Wunsch, genügend zu verdienen und erfolgreich zu sein.

Als ich im weiteren Verlauf der Therapie mit ihm nach seinen inneren Zielen suchte, war seine spontane Lösungsidee, Medizin zu studieren, in der Hoffnung, als Mediziner mehr anerkannt zu werden, weniger Schwierigkeiten zu haben, seine Praxis zu füllen und besser zu verdienen. Er erhoffte sich daraus auch eine Lösung für seine Schwierigkeit, Geld von seinen Patienten verlangen zu müssen, da dann die Krankenkassen bezahlen werden.

Am Beispiel von Franz wird deutlich, welche Ideen einer Zielsetzung im Äußeren zugrunde liegen. Franz investiert in eine äußere Lösung, in der Hoffnung auf Anerkennung von der Gesellschaft. Sie soll ihm das geben, was er sich vorenthält. Franz hat diese Lösung während seiner zahlreichen Weiterbildungen bereits öfter erfolglos ausprobiert. Statt zu erkennen, dass sein mangelndes Wertgefühl ihm nicht erlaubt, eine gut gehende Praxis zu führen, dass die Lösung also im Innen liegen muss, richtet sich sein Augenmerk auf eine äußere Lösung.

Aus Opfergefühlen heraus betrachtet, muss ein Lösungsversuch sogar im Außen angesiedelt werden. Hält man sich eigene praktizierte Lösungsversuche vor Augen, wird schnell sichtbar, wie sehr das eigene Denken und Handeln von Opfergefühlen bestimmt ist. Der Versuch, eine Lösung im Außen zu finden, scheint so starr programmiert zu sein, dass die Sicht nach innen oft regelrecht blockiert ist.

Franz hält es offensichtlich für einfacher, ein achtjähriges Medizinstudium zu absolvieren, als im Innen an seinem Wertgefühl zu arbeiten.

Wirkliche Veränderung ist immer auch eine innere Veränderung

Um innere Veränderung zu erzielen, ist es notwendig, in ein inneres Ziel zu investieren, das heißt in einen inneren Bewusstseinszustand zu investieren, vertrauend, dass die äußere Veränderung nachfolgen wird.

Bei Isolde, 49 Jahre alt, wurde Brustkrebs diagnostiziert. Sie hatte eine verantwortungsvolle Position in einer großen Baufirma. Von ihrem Mann hatte sie sich nach harten inneren Kämpfen bereits vor Ausbruch der Krebserkrankung getrennt.

In den letzten Jahren beschäftigte sie sich verstärkt mit ihren Gefühlen, sodass sie auf der emotionalen Ebene relativ leicht eine Verbindung zwischen ihrer Brustkrebserkrankung und ihren Minderwertigkeitsgefühlen als Frau herstellen konnte. Sie empfand sich als eine mütterliche Frau, die sich darüber definierte, andere zu bedienen, eine gute, verständnisvolle Freundin zu sein und sich anzupassen. Eigene Wünsche, Gefühle und Bedürfnisse behandelte sie stets nachrangig. Männern gegenüber fühlte sie sich meist benachteiligt, als deren Opfer. Um geliebt zu werden, so meinte sie, wäre es notwendig, eine dienende, sich unterordnende Position einzunehmen. In ihrer Firma ärgerte sie sich häufig über die von ihr wahrgenommenen Privilegien der Männer. Ihre Haltung prägte sowohl ihren privaten als auch ihren beruflichen Ausdruck.

Da die Krebserkrankung bereits fortgeschritten war, nahm Isolde alle Möglichkeiten einer medizinischen Krebstherapie in Anspruch – Operation, Chemotherapie und Bestrahlung. Gleichzeitig arbeitete sie an den emotionalen Ursachen ihrer Krankheit: ihrem Selbsthass, verursacht durch ihre Selbstabwertung als Frau. Sie setzte sich das Ziel, Eigenliebe zu erlernen, und begann ein Bild dieses Zustandes zu entwerfen.

In ihrem Bild waren viele Aspekte enthalten. Einer dieser Punkte war die Integration ihres männlichen Bewusstseins, also sich als Person anzuerkennen. Ein anderer Punkt war, sich selbst als ihren Mittelpunkt zu betrachten, und ein weiterer war ihre innere Erlaubnis, eine erotische Ausstrahlung haben zu dürfen. Sie begann sich ihren Selbsthass zu vergeben und stattdessen eine innere Haltung der Eigenliebe durch tägliches Üben zu erlernen.

Entgegen den ärztlichen Erfahrungswerten mit einer Krebserkrankung dieser Art erholte sie sich, ihre Heilung machte gute Fortschritte und sie verkraftete die anstrengende medizinische Behandlung in erstaunlich guter Weise.

Isoldes primäre Zielsetzung war im Innen verankert.

Den Bauplan entwerfen

Das erscheint recht einfach: Isolde praktizierte Eigenliebe. So einfach ist es nun aber auch wieder nicht, wie wir alle wissen. Zuerst war es für Isolde nötig, ein Bild zu entwerfen, wer sie ist, wenn sie sich liebt.

Wenn wir ein Haus bauen wollen, sagen wir auch nicht einfach: »Ich fang jetzt mal an, ein Haus zu bauen!« Erst machen wir einen Bauplan. Wir überlegen: Wo wird der

Wohnbereich sein und wie soll er aussehen? Wo werden die Bäder und die Küche sein? Wird das Haus einen Garten haben? Wird es ein sehr helles Haus mit vielen Fenstern sein, oder heimelig, mit vielen Winkeln und verborgenen Plätzen? All diese Fragen und andere werden uns beschäftigen, damit das Haus unseren Erwartungen entspricht.

In dem Plan müssen auch unsere finanziellen Möglichkeiten einkalkuliert werden. Vielleicht kommen wir zu dem Schluss, dass wir uns entweder einen Wintergarten oder ein Schwimmbecken leisten können, aber nicht beides. Es ist also wichtig, innerhalb der vorhandenen Gegebenheiten das Beste zu finden, statt sich mit Plänen eines nicht realisierbaren »Wolkenkuckucksheims« zu beschäftigen.

Genauso können wir einen inneren detailgenauen Bauplan entwerfen. Wollen wir beispielsweise Eigenliebe erlernen, können wir uns fragen: Bei welchen Personen vermuten wir, dass sie sich selbst lieben? Was strahlen sie aus? Wie treten sie auf? Diese Phase entspricht dem Studium von Wohnzeitschriften.

Aktives Nachfragen hilft ebenfalls weiter

Um möglichst gute Lösungsansätze zu finden, kann es eine große Hilfe sein, auf Menschen im Umfeld zu achten, bei denen Sie annehmen, ihre Lösungen drückten das aus, was Sie verwirklichen wollen. Eigene Neidgefühle geben Aufschluss, was Sie sich versagen. Sie sind hier als konstruktives Werkzeug zu nutzen.

Haben Sie den Mut, diese Personen anzusprechen und aktiv nachzufragen. Der Mut, den es erfordert, dies zu tun, stärkt Sie und gleichzeitig schaffen Sie eine ehrliche und offene Kommunikation. Beispielsweise könnten Sie sagen: »Ich beobachte, wie du dich in Konfliktsituationen abgrenzen kannst. Mir gefällt deine Weise, es zu tun. Sie drückt für mich sehr viel Eigenliebe aus. Wie hast du das gelernt? Was hat dir geholfen dabei?«

Oder: »Ich empfinde dich als jemanden, der seine erotischen Impulse sehr schön in die Welt gibt. Ich selbst bin in diesem Bereich unsicher, möchte das aber auch lernen. Erzähl mir, wie du es gelernt hast.«

Fragen dieser Art transportieren sehr viele konstruktive Schwingungen. Sie lassen den Fragenden in Würde und Wert dastehen und anerkennen gleichzeitig die entwickelte Qualität im anderen. Meist erwachsen aus solchen Gesprächen inspirierende Informationen.

Des Weiteren können wir uns an Zeiten erinnern, in denen wir uns geliebt haben. Denn unter der Abwesenheit eines Zustandes zu leiden bedeutet immer, ihn zu kennen und zu wissen, wie man sich in ihm fühlt. Fragen Sie sich also: Wann habe ich mich geliebt? Welche Ausstrahlung hatte ich zu diesem Zeitpunkt? Woher habe ich damals die Kraft genommen, mich zu lieben?

Wir stellen während dieser Phase der Neuausrichtung einen möglichst genauen Bauplan innerhalb unserer Möglichkeiten her. Er sollte so deutlich und detailgenau wie möglich sein. Um ihm Kraft zu verleihen, ist es nützlich, ihn sowohl zu visualisieren als ihn auch schriftlich festzuhalten.

Etwas aufzuschreiben bringt Klarheit, und es ist eine Form, Dinge aus der Flüchtigkeit der Gedanken in die materielle Welt zu bringen. Dann wird überprüfbar, ob der Bauplan tatsächlich das enthält, was ich brauche, oder ob ich vielleicht auf das sprichwörtliche falsche Pferd gesetzt habe.

Nur solche Wünsche und Träume gewinnen in unserem Leben an Bedeutung, für die wir die Kraft und Energie aufbringen, sie auch zu realisieren. Und dauerhaft engagiert in unseren Bemühungen bleiben wir nur dann, wenn es sich um den richtigen, also einen Herzenswunsch handelt. Andere Wünsche sind oft wie ein Strohfeuer, sie lodern hell auf und wir vergessen sie schnell wieder.

Schriftliches verschafft Ihnen mehr Klarheit

Eine schriftliche Aufstellung unter der Fragestellung »Was will ich erreichen? Was muss ich akzeptieren?« erweist sich als hilfreich. Zum Thema »Eigenliebe« könnte das so aussehen:

Ich will meinen Körper lieben.

Das beinhaltet:
- Ich will mich gut spüren können.
- Ich will mit guten Gefühlen an meinen Körper denken.
- Ich will mir gerne im Spiegel, auf Fotos etc. begegnen.

Genutzter Neid:
Menschen, denen ich unterstelle, dass sie ihren Körper lieben,
- gehen geschmeidig und tanzen frei,
- kleiden sich individuell, oft auffällig,
- lachen viel und erleben Freude,
- verströmen Selbstbewusstsein.

Begrenzungen:
- Dieser Körper ist 58 Jahre alt, meine Möglichkeiten sind andere als die einer 20-Jährigen.
- Ich bin nicht bereit, mich einer lebenslänglichen gewichtsreduzierenden Diät zu unterziehen, um mein Idealgewicht zu erhalten.

Kapital:
- Ich mag meine Art, Freundschaften zu leben.
- Ich bin eine loyale Person.
- Ich habe mir gute finanzielle Möglichkeiten geschaffen und kann in meine neue Zielsetzung investieren.
- Ich bin willensstark.
- Ich mag meine Augen, meine Haare und meinen Oberkörper, meine Haut ist glatt und hat eine schöne Farbe.

Möglichkeiten:
- Ich reduziere mich nicht auf mein körperliches Alter, wahre Jugend ist im Innen.
- Ich fokussiere täglich auf alles Schöne an mir und meinem Körper.
- Ich danke täglich für meine gute Gesundheit.
- Über meine Atemübungen atme ich jeden Tag die Schwingung von Lebensfreude, Leichtigkeit und Eigenliebe.
- Ich benutze eine gute Körperlotion, um mir zu zeigen, dass ich wertvoll bin.
- Ich gebe meinem Körper regelmäßig positive Zuwendung, indem ich spazieren gehe, schwimme oder mich anderweitig in mir angenehmer Weise körperlich betätige.
- Ich kleide mich heute schon so, wie ich es täte, wenn ... Ich bitte dabei wohlmeinende Freundinnen um Unterstützung.
- Ich beginne mich als jemand zu begreifen, mit dem man viel Spaß haben kann.

Lösungen brauchen Zeit

Sammeln Sie Ideen. Es werden einige dabei sein, die Ihr Lustprinzip ansprechen, die Sie gerne ausprobieren möchten. Es geht noch nicht darum, einen Weg bereits als den eigenen, endgültigen auszuprobieren. Erst sollten Sie möglichst viele potenzielle Lösungswege für Ihr Problem suchen. Diese Methode ist ein bisschen wie Briefmarkensammeln. Verwerfen Sie keine Ideen vorschnell, auch wenn Sie Ihnen vielleicht zunächst ungewöhnlich, lächerlich oder unrealisierbar vorkommen. Versuchen Sie in jeder Lösung das Gute zu erkennen.

Der ganze Prozess braucht Zeit. Entspannen Sie sich, es kommt nicht darauf an, wie lange Sie brauchen. Kreative Lösungen können nur ohne Druck entstehen. Rosen wachsen auch nicht schneller, wenn man regelmäßig an den Knospen zieht!

Erlauben Sie sich auch, mit Ihnen wohlgesonnenen Menschen über Ihre Visionen zu sprechen. Teilen Sie Ihre Ideen mit anderen, vielleicht kommen noch weitere brauchbare dazu. Lachen Sie gemeinsam über manche Ihrer Ansätze und verbinden Sie sich mit der Freude und Lust, die in Ihren Ideen enthalten sind.

Machen Sie sich in Ihrer Fantasie mit den verschiedenen Ansätzen vertraut. Beim Durchspielen werden Sie die Ihnen entsprechenden erkennen. Sich auch an unkonventionelle und freche Lösungen zu wagen stärkt Sie, denn Sie kommen mit Ihrem Mut in Kontakt.

Die Neuausrichtung

Nachdem Sie in Ihrer Fantasie und vielleicht auch in einem Rollenspiel Ihre Lösungen durchgespielt haben, nehmen Sie allen Mut zusammen und beginnen Sie eine auszuprobieren. Denken Sie daran: Jeden Tag ein bisschen, das ist die richtige Devise.

Wenn Sie Ablehnung von Ihrem Umfeld fürchten, sagen Sie sich: Es ist besser, wenn mich die anderen ablehnen, als wenn ich mich ablehne!

Wenn Sie nur einen kleinen Teil Ihrer Lösungsmöglichkeiten täglich praktizieren, können Sie sich nicht länger gleichzeitig in Ihrem selbstschädigenden und begrenzenden Verhalten befinden, denn es können nicht zwei Schwingungen unterschiedlicher Art zur gleichen Zeit am gleichen Platz sein. Werden die konstruktiven Möglichkeiten also täglich trainiert, wird sich bereits nach kurzer Zeit Erfolg einstellen.

Ich kann, ich will und ich werde

Investieren Sie keine Energie in Dinge, die Sie nicht oder nur scheinbar beeinflussen können, wie zum Beispiel Ihr Alter, Ihr Geschlecht, Ihren Arbeitgeber, Partner oder sonstige Menschen in Ihrem Leben.

Investieren Sie Ihre Kraft dort, wo Sie Einfluss nehmen können. Und dort gibt es mehr zu beeinflussen, als Sie sich vielleicht erträumen. Gehen Sie davon aus, dass mit Ihnen grundsätzlich alles in Ordnung ist, dass Sie jetzt nur damit anfangen, Ihre Talente besser zu verwalten und ausgeglichener zu handhaben.

Wenn nötig, sagen Sie sich jeden Tag: Ich kann, ich will, ich werde!

Wenn Sie im Frühling Salat gesät haben, vertrauen Sie darauf, dass er, wenn Sie ihn regelmäßig gießen, aufgehen wird. Jetzt säen Sie in sich eine gewünschte Qualität – warum sollte diese, bei der richtigen Pflege, nicht auch gedeihen? Wie beim Salat kann man den Anfang einer neuen Haltung mit einem Saatkorn gleichsetzen. Und wie beim Salat ist die richtige Pflege die, die täglich ein bisschen, aber kontinuierlich stattfindet.

Der Weg ist das Ziel

Einerseits ist es wichtig, sich auf keinen Fall vom Ziel abbringen zu lassen, andererseits sollten Sie sich gleichzeitig immer nur auf den jeweiligen Tag konzentrieren. Jeder Tag, an dem Sie Energien für den Weg investieren, ist ein Tag, der Sie Ihrem Ziel näher bringt. Und jede tatsächlich praktizierte Handlung stärkt Ihre Möglichkeiten und Ihr Vertrauen in Ihre Kraft.

»Der Weg ist das Ziel« – eine tiefe Weisheit aus dem Zen-Buddhismus. Jeden Tag ein Stück des Weges zu gehen bedeutet, automatisch am Ziel anzukommen, und man erlernt gleichzeitig die menschliche Tugend der Geduld. Indem wir ungeduldig auf das Ziel zu fokussieren, säen wir

Versagensängste, die unter den entsprechenden Bedingungen aufgehen und sich dann schwächend auf die Willenskräfte auswirken werden.

Dem Begriff »Willenskraft« haftet etwas Magisches an. Ihn deutlich zu erklären fällt mir schwer. Wenn wir unseren Willen auf etwas ausrichten, haben wir ein Ziel und wir haben ein Bild des Ziels. Ob wir dieses Bild tatsächlich sehen, es denken oder fühlen, spielt keine Rolle. Mit dem Ziel in Verbindung zu bleiben wirkt kräftigend, es hilft Schwierigkeiten zu überwinden und es wirkt auch anziehend auf unterstützende Kräfte. Aber es ungeduldig zu fokussieren wirkt schwächend und zerstört unsere Motivation.

Bei klarer innerer Zielsetzung erschließen wir uns Kraftreserven, die uns sonst nicht zur Verfügung stehen. Wir kommen dann mit einer konstruktiven Schwingung in Kontakt, wir wirken kraftvoll, energiegeladen und optimistisch.

Als bei Isolde der Tod in Form ihrer Krebserkrankung an die Tür klopfte und sie sich des Geschenks des Lebens so sehr bewusst wurde, war sie ausgesprochen stark mit ihrem Ziel in Verbindung: »Ich will im Körper leben!« Und während sie ihren akuten Krankheitsprozess durchlief, begleitet von all den hilfreichen, aber enorm anstrengenden medizinischen Verfahren, bekam sie eine völlig andere Schwingung. Es fiel ihr selbst auf: Sie stellte fest, dass sie, obwohl sie keine Haare auf dem Kopf hatte, viele bewundernde Blicke von Seiten der Männerwelt empfing. Während dieser Zeit liebte sie sich und ihren Körper. Später dann, als sie sich des Lebens sicher glaubte, fiel sie wieder in ihre innere Lieblosigkeit zurück und musste sich wieder neu auf ihr Ziel ausrichten.

Der Weg in die Neuausrichtung verläuft meistens nicht ganz direkt, manchmal laufen wir in Windungen oder finden uns plötzlich in einer Sackgasse wieder. Dann ist es wichtig, sich selbst zu vergeben und augenblicklich wieder auf den richtigen Kurs zurückzukehren. Vielleicht verändert sich die Vorstellung des Weges, das ist ein Zeichen des Wachstumsprozesses, aber Ihr Ziel selbst sollten Sie nie in Frage stellen.

Es ist unerheblich, welche Zeit Sie benötigen, um Ihr Ziel zu erreichen, denn nach kurzer Zeit beginnen die ersten Veränderungen sichtbar zu werden. Ihr Wohlbefinden wird sich verbessern und Sie werden größeres Vertrauen in Ihre Fähigkeiten entwickeln – Sie werden sich nicht mehr als Opfer fühlen, sondern sich als jemanden begreifen, der die Macht und die Möglichkeiten hat, sein Leben zu gestalten.

So tun als ob

Im Hinblick auf Ihr Ziel tun Sie so, als ob Sie Ihr Ziel bereits erreicht hätten:

- Grenzen Sie sich so ab, als ob Sie mutig wären.
- Bewegen Sie sich so, als ob Sie sich liebten.
- Geben Sie sich so viel Anerkennung, als ob Sie Selbstwertgefühl hätten.
- Geben Sie Liebe so großzügig, als ob Ihnen alle Fülle zur Verfügung stünde.

Sybille wünschte sich einen Partner, den sie lieben und mit dem sie ihr Leben teilen wollte. Sie arbeitete sich durch ihre Begrenzungen und Selbstzweifel, bis sie sich frei fühlte, tatsächlich Teil einer Paarbeziehung zu werden.

Dann begann Sybille für eine Weile so zu tun als ob. Sie deckte zum Essen ihren Tisch für zwei Personen, stellte Kerzen auf und fing Dialoge mit dem Partner an. Sie sprach mit dem fiktiven Partner über ihre Vorstellung von einem gemeinsamen Leben, was sie investieren wollte und welche Wünsche ein Partner erfüllen sollte. Auf ihrem Bett bezog sie ein zweites Kopfkissen.

Kurze Zeit später ...

Man mag einwenden, dass es sich hierbei um ein Vorspiegeln falscher Tatsachen handelt. Wenn Sie es beim So-tun-als-ob belassen, dann ja, wenn es aber ein konstruktives Instrument darstellt, das Gewünschte zu realisieren, dann ist es ein wachstumsförderndes Verhalten.

Es gibt eine wichtige Frage, mit der Sie die missbräuchliche Verwendung des So-tun-als-ob ausschließen können: Schädige oder verletze ich meine Mitmenschen mit meinem So-tun-als-ob oder dient es meiner persönlichen Entwicklung? Wenn Sie feststellen, dass Sie mit Ihrem Handeln eine andere Person schädigen, ist die Überprüfung des gewünschten Ziels anzuraten. Stellen Sie aber fest, dass es niemanden schädigt, was sollte Sie dann daran hindern?

Denken Sie an die Rollenspiele von Kindern. Tun sie etwas anderes, als zukünftige Qualitäten einzuüben? Warum sollten wir als Erwachsene nicht ein bisschen Kind sein dürfen und so tun als ob?

Sich für Schritte belohnen

Wenn Sie Ihren Zielplan erstellt haben und die ersten Schritte in Richtung Neuausrichtung tun, dann belohnen Sie sich. Belohnen Sie sich für kleine Zwischenergebnisse, zum Beispiel: »Ich habe meinen Körper bereits eine ganze Woche lang morgens mit liebevollen Gedanken eingecremt«, »Ich habe mich heute für mich eingesetzt und mich gegen eine andere Person abgegrenzt« oder »Heute habe ich meinen Mund aufgemacht und meine Meinung in eine Diskussion eingebracht«.

Belohnen Sie jeden Schritt in die gewünschte Richtung. Entwickeln Sie Großzügigkeit im Belohnen. Aus vielen kleinen Schritten entsteht große Veränderung. Jeder Schritt ist wichtig und wertvoll und braucht Anerkennung. Das kann ein liebevolles Selbstgespräch oder ein Selbstlob sein, ein Kinobesuch, ein Strauß Blumen oder etwas anderes, was Ihnen Freude bereitet. Erlauben Sie sich derartige Selbstbelohnung im Bewusstsein, ein freudiges Ereignis zu feiern.

Wenn ich diese Vorgehensweise empfehle, halten mir immer wieder Menschen ihre Befürchtung entgegen, albern oder übertrieben zu handeln, Selbstverständliches zu sehr zu betonen. Sie begegnen dabei alten Einschärfungen der Stammesmacht: »Eigenlob stinkt!«, »Das ist ja wohl selbstverständlich!«, »Du scheinst es ja nötig zu haben!« und dergleichen mehr. Einschärfungen dieser Art sehen etwas Schlechtes darin, sich zu lieben und sich positiv zu begegnen. Aber erinnern Sie sich: Alle unsere Qualitäten, für die wir uns keinen konstruktiven Ausdruck erlauben, treten in destruktiver, verzerrter Weise in Erscheinung.

Wenn Ihre Selbstbelohnung niemand anderem schadet, warum sollten Sie sie sich vorenthalten? Selbstbelohnung, so meine ich, wendet sich an unser inneres Kindbewusstsein und entfaltet dort eine konstruktive Wirkung.

Übungsteil

Vergegenwärtigen Sie sich Ihr Ziel. Was genau möchten Sie erreichen, welche Ihrer Haltungen möchten Sie neu ausrichten? Denken Sie daran, dass Sie nur einen eigenen Zustand neu ausrichten können.

Ziehen Sie eine Bilanz, wie mit dem Beispiel »Eigenliebe« in diesem Kapitel dargestellt.

➤ Neuausrichtung beinhaltet für mich: Ich will ...
➤ Ich beobachte bei anderen Menschen, die diesen Bereich ihres Lebens aus meiner Sicht vorbildhaft leben, wie sie ... (Nutzen Sie hier Ihre Neidgefühle.)
➤ Welche Einschränkungen gilt es zu akzeptieren?
➤ Was ist mein Kapital?
➤ Welche Schritte zur Neuausrichtung fallen mir ein? (Nutzen Sie das kreative Potenzial Ihrer Freunde.)

Zerlegen Sie die Schritte in kleine Unterschritte.

➤ Stellen Sie durch Rücksprache mit einer Freundin oder einem Freund sicher, dass die Schritte machbar und nicht überfordernd sind.

Nehmen Sie sich für jeden Tag eine nicht überfordernde Übung vor. Lassen Sie keine Ausreden vor sich gelten, üben Sie jeden Tag.

Belohnen Sie sich häufig und vergeben Sie sich kleine oder größere Rückschläge. Ihr Üben wird Sie mit jedem verstreichenden Tag ein bisschen erfolgreicher, ein bisschen mehr zum Regisseur Ihres eigenen Lebens machen.

Sackgassen auf dem Weg

Im Prozess der Neuausrichtung gibt es verschiedene Möglichkeiten der »Wegverlängerung«. Wir wählen sie, um schnelleren Erfolg vor uns selbst und vor anderen vorweisen zu können. Wegverlängerungen erscheinen stets als Abkürzung verkleidet. Wir möchten die Strecke verkürzen, indem wir Entwicklungsschritte überspringen. Ein gut nachvollziehbarer menschlicher Wunsch, der letztendlich ebenfalls dem individuellen Reifungsprozess zugute kommt, denn wir lernen dabei etwas über Ungeduld und Geduld.

Drei hauptverursachende, sich einander bedingende Verhaltensweisen sind hierbei anzuführen.

Der Trend zur schnellen, materiellen Bedürfnisbefriedigung

Gerade die im Westen verbreitete Erwartung, Dinge schnell und ohne große innere Anstrengung erhalten zu wollen, wirkt sich im Prozess der Neuausrichtung hinderlich aus.

Wir leben in einer Kultur der schnellen Bedürfnisbefriedigung. Hinwendung an innere Ziele erscheint unattraktiv, wird oft vollkommen vernachlässigt. Völlig unvorbereitete Menschen stehen dann äußeren Ereignissen wie Trennungen, Krankheiten oder anderen Lebenskrisen hilflos und untrainiert gegenüber.

Statt inneren wenden wir uns lieber äußeren Zielen zu, da deren Umsetzung größere Anerkennung durch die Stammesmacht verspricht. Innerer Erfolg erscheint selten im schillernden Gewand äußerer Erfolge. Menschen, die danach streben, werden oft als Idealisten, Esoteriker oder als weltfremd belächelt. Sie besiedeln eher den Hintergrund einer konsumorientierten, schnelllebigen Gesellschaft.

Ausdauer und Geduld als menschliche Tugenden

Andererseits entsteht dauerhafte Befriedigung im Leben einzelner Menschen ausschließlich als Folge innerer Entwicklung und Stärke. Die Befriedigung durch äußere Erfolge, die nicht auf innerer Verwirklichung basiert, ist schnell vergänglich. Ruhm, Reichtum und Ehrungen verfliegen in kurzer Zeit, es lässt sich nicht dauerhaft von ihnen zehren. In vielen tragischen Schicksalen spiegelt sich das wider.

Geduld wird nicht zufällig zu den menschlichen Tugenden gezählt. Mit ihrer Hilfe können wir kontinuierlich auf unserem Entwicklungsweg bleiben und in längerfristige Ziele investieren.

Eine oft gestellte Frage in einer ersten Therapiestunde lautet: Was denken Sie, wie lange wird es dauern? Sprich: Wie lange bin ich gezwungen, in mich zu investieren? Oder: Wie lange werden Sie brauchen, um mich »wieder hinzukriegen«?

Ich pflege stets zu antworten: Das hängt davon ab, wie bereit Sie sind, in sich zu investieren, und wie loyal Sie sich Ihrem Ziel gegenüber verpflichten.

Könnte Ungeduld nicht vielleicht auch die Folge einer inneren Haltung sein, die als Folge von Opfergefühlen letztendlich sagt: Ich sollte in meine innere Entwicklung nicht investieren müssen. Andere sollten es für mich tun. Die verursachende Einstellung sagt dann: Ich bin es nicht wert, in mein Inneres zu investieren.

Ich versuche den sich mir anvertrauenden Personen das Bild des »emotionalen Bodybuildings« nahe zu bringen. Innere Stärke erwächst genauso wie muskuläre Stärke dem kontinuierlichen Training. Die effektivste Form für den Muskelaufbau ist das regelmäßige, nicht überfordernde Training. Genauso verhält es sich beim »emotionalen Bodybuilding«. Täglich erfolgende kleine Übungen, deren Schwierigkeitsgrad die Angstbarriere kaum berührt, bringen zweifellos dauerhaften Erfolg.

Durch unsere Ungeduld sind wir oft nicht bereit, uns längerfristig für uns einzusetzen. Wir versuchen diese Notwendigkeit durch eine einmalige große Anstrengung zu ersetzen oder wir überfordern uns vollkommen mit der Größe der festgelegten Teilschritte. Um im Bild des Bodybuildings zu bleiben, ist hier die Frage wichtig: Versuche ich gleich das große Ganze zu stemmen oder erlaube ich mir, mein Ziel in viele kleine, bewältigbare Teilschritte zu unterteilen?

Diese Vorgehensweise, alles auf einmal zu stemmen, wird keine Neuausrichtung in unser Leben bringen, sie wird vielmehr (neues) Versagen nach sich ziehen und darauf folgend die nach unten gehende Spirale von Scham und Selbstabwertung verstärken.

Gleichsetzung der Begriffe Erkenntnis und Umsetzung

Um einerseits unserem Wunsch nach Veränderung, andererseits aber auch unserem Bedürfnis nach schneller Lösung Genüge zu leisten, greifen wir noch zu einer anderen Lösung: Wir setzen die rationale Erkenntnis gleich mit der emotionalen Umsetzung. Wir hoffen, Veränderung im Kopf erledigen zu können. Dadurch, so hoffen wir, sind wir den Weg bereits gegangen, haben das Verhalten bereits neu ausgerichtet.

Da allen unseren Einstellungen emotionale und mentale Konditionierungen zugrunde liegen, kann das nicht funktionieren. Es ist nur ein neues Idealisiertes Selbstbild entstanden, anhand dessen wir die zukünftigen Erfahrungen auswerten. Also fallen wir nach kürzester Zeit wieder in unsere alten, selbstbeschränkenden und konditionierten Verhaltensweisen zurück und stellen frustriert fest: »Es« funktioniert nicht.

Das Wort »es« beinhaltet eine Projektion, die unser Idealisiertes Selbstbild schützen soll. »Es« ist dann eine Methode oder ein anderer äußerer Faktor. Eigenverantwortlich, also in der Ich-Botschaft gesprochen, müsste es heißen: Ich funktioniere nicht, besser: Ich versage. Ob projektiv oder eigenverantwortlich wahrgenommen, dieser Satz enthält eine Selbstabwertung und wirkt somit problemerhaltend.

Gabi, eine Person, die zu großer Anpassung neigte, kam zu mir, weil sie Schwierigkeiten in ihrer Paarbeziehung hatte. Sie fühlte sich von ihrem Freund oft unter Druck gesetzt *(Projektion des Problems auf den Freund – verschlüsselte Du-Botschaft)* und hatte den Eindruck, seinen Erwartungen als Frau nicht zu genügen, weil er sehr viel öfter mit ihr schlafen wollte, als sie es wollte *(Opfergefühl)*. Durch ihr Gefühl, nicht in Ordnung zu sein, passte sie sich häufig an und verschwieg, was sie eigentlich sagen wollte. Sie traf dann auch Entscheidungen, hinter denen sie nicht stand, von denen sie aber vermutete, dass sie seinem Wunsch entsprachen.

Sie wollte es allen recht machen und war perfekt darin, die Bedürfnisse anderer zu erraten und zu erspüren. Insgeheim war sie oft zornig, weil sie den Verrat an sich selbst durch ihre Anpassung spürte. Gleichzeitig hatte sie einen perfektionistischen Anteil, durch den sie überhöhte Erwartungen an sich und ihre Leistungsfähigkeit stellte *(verursachende Einstellung)*.

Ihren »Perfektionisten« projizierte sie stets nach außen. Sie glaubte, die überhöhten Anforderungen seien von außen auf sie gerichtet. Als Therapeutin – eine optimale Projektionsfläche – unterstellte mir Gabi innerhalb kurzer Zeit, dass ich Veränderung, und zwar schnell und perfekt von ihr wollte.

Dies alles wurde ihr, da sie gut analysieren konnte, relativ schnell bewusst, und sie kam auch mit den verursachenden Einstellungen in Kontakt. Diese erkannte sie richtig in ihrem perfektionistischen Anteil sowie als mangelndes Vertrauen in Beziehungen, denen sie, so meinte sie, keinen eigenen Willen und keine unausgereiften Verhaltensweisen zumuten konnte. Entsprach sie ihren überhöhten Erwartungen nicht, fürchtete sie Kontaktabbrüche oder Liebesverlust. Auch hier konnte sie schnell erkennen, dass sie selbst den Kontakt zu sich brach und sich die Eigenliebe vorenthielt *(Selbstbestrafung)*.

In ihrem Neuausrichtungsprozess beschloss sie als ersten Schritt, zu sagen, was sie dachte, selbst wenn das Gedachte Unvollkommenheiten enthielte. In diesem Zusammenhang stellte sie fest, dass sie nur in nahen Beziehungen und wenn sie sich für sich selbst einsetzen wollte, ihrem Problem begegnete. In ihrer Arbeitsstelle, sie war Betriebsrätin in ihrer Firma, hatte sie keinerlei Schwierigkeiten, ihre Stimme und Argumente für andere einzusetzen. Dort trat sie in sehr unterstützender Weise für die Belange anderer Mitarbeiter ein und konnte sich dabei gut ausdrücken und durchsetzen.

Sie begann die neue Haltung, zu sagen, was sie dachte, zu üben. Im Gegensatz zu ihr erschien es mir, als hätte sie ihr Übungspensum zu hoch angesetzt und überfordere sie sich mit den einzelnen Schritten. Nach kurzer Zeit kam sie frustriert in die Stunden, weil »es« nicht geklappt hatte. Einer ihrer Lieblingssätze war: Da habe ich doch jetzt schon so oft daran gearbeitet. Warum ist das immer noch so?

Gabis Ungeduld, die als Folge ihres »Perfektionisten« und ihrer Anpassungsbereitschaft zu sehen ist, ließ sie ihre Erkenntnisse mit Veränderung gleichsetzen und so dachte sie, ihr Problem bereits gelöst zu haben. Gleichzeitig hoffte sie, mich durch ihre schnelle Fähigkeit zur Veränderung zu beeindrucken. Dieses Verhalten zeigte deutlich ihre noch immer bestehende Verhaftung mit ihrem Problem. In ihrem *Handeln* drückte sie weiterhin ihre vertrauten Muster aus, während sie *dachte*, schon alles gelöst zu haben.

Um zu erkennen, ob wir etwas wirklich neu ausgerichtet haben oder nur »Umsetzung im Kopf« praktizieren, gibt es eine einfache Faustregel:

Wenn ich mich in meinem täglichen Handeln noch von den alten Mustern bestimmen lasse, habe ich es noch nicht wirklich neu ausgerichtet.

Diese Regel erweist sich zwar als unbequem, schützt uns aber zuverlässig vor dauerhaften und folgenschweren Fehlinterpretationen und vor den Täuschungen des Idealisierten Selbst.

Gabi beispielsweise stellte fest, dass sie sich weiterhin an den sexuellen Rhythmus ihres Freundes anpasste, indem sie dachte: Ich müsste, ich sollte doch mit ihm schlafen wollen. Als sie dies anerkannt hatte, konnte sie unmöglich gleichzeitig behaupten: Ich habe kein Problem mehr mit Anpassung. Stattdessen konnte sie sich liebevoll dort abholen, wo sie wirklich stand, statt dort, wo sie sich mithilfe ihres Idealisierten Selbstbildes stehen sehen wollte.

In unseren tatsächlich durchgeführten Handlungen finden wir eine Grundlage für ehrliche und realistische Selbstauswertung. Ich halte es für einen bedeutenden menschlichen Wert, uns in Liebe dort abholen zu können, wo wir tatsächlich stehen. Und wo wir stehen, erkennen wir an unseren Handlungen.

Mir erscheint es leichter, mit den kleinen Kränkungen und Desillusionierungen dieser Konfrontation umzugehen als mit den großen Kränkungen, die entstehen, wenn der Spagat zwischen Idealisiertem Selbstbild und Realität nicht mehr möglich ist.

Wir sind bereits jetzt in Ordnung

Viele Menschen glauben, Veränderung bedeute, etwas vollkommen Neues zu erwerben oder etwas Bestehendes loszuwerden. Sie verstehen dann unter Neuausrichtung, sich etwas zu erarbeiten, was sie im Moment noch nicht sind oder noch nicht haben. Ich meine, dass nichts weiter von der Wahrheit entfernt sein könnte. Das wäre dasselbe, als versuche eine Tulpe Rosenduft zu produzieren oder eine Weide sich mit Tannennadeln zu schmücken. Beide würden der jeweiligen Daseinsform nicht gerecht werden und dadurch ihr Wesen verfälschen. Eine Tulpe sollte, unterstellen wir ihr die Fähigkeit zur Wahl, mit allen ihren Möglichkeiten versuchen, eine vollkommene Tulpe zu werden. Sie verfügt in ihren Anlagen über alles, was sie braucht, um ihre eigene Vollkommenheit darzustellen.

Wenn wir diesen Gedanken auf den Menschen übertragen, bedeutet es, dass wir uns als das annehmen sollten, was wir sind, und dass wir dem, was wir sind, einen bejahenden Ausdruck verleihen. Unsere Aufgabe liegt darin, uns in dem Wissen anzunehmen, dass alles mit uns in Ordnung ist, wir keiner Korrektur bedürfen, sondern lernen können, unsere Möglichkeiten und Talente zu entfalten. Neuausrichtung bedeutet also nie ein anderer Mensch zu werden, sondern bedeutet, das zu erkennen und zu lieben, was wir sind. Wann immer wir versuchen, etwas anderes zu sein, bewegen wir uns auf einem gefährlichen Grat, denn der Selbstabwertung sind Tür und Tor geöffnet.

Mit Einbrüchen oder Rückfällen umgehen

Es erscheint mir nicht vermeidbar, immer mal wieder in eine der genannten Sackgassen zu geraten. Oft merken wir das erst, wenn wir mit dem Kopf an das Ende stoßen und zu spüren bekommen, dass der Weg hier nicht mehr weitergeht.

Es ist von außerordentlicher Wichtigkeit, wollen wir in unserem Prozess der Neuausrichtung erfolgreich sein, uns an diesem Punkt liebevoll abzuholen. Tun Sie es mit der Haltung Ihrer besten Freundin, die sagt: »Das macht nichts, geh einfach wieder auf deinen Weg zurück und bleib deinem Ziel treu. Es ist toll, wie weit du schon gekommen bist.« Sie können sich an diesem Punkt alles vergegenwärtigen, was Sie bereits umgesetzt haben. Eine solche Bilanz aufzustellen kann ungemein beflügeln. Meist sind wir nämlich schon wesentlich weiter, als wir gedacht hatten, und durch das Sichtbarmachen der Erfolge entsteht neue Lust weiterzugehen.

Wenn Sie merken, dass Sie immer wieder in selbstabwertende Gedanken oder Worte verfallen, sagen Sie laut oder in Gedanken »Stopp«. Dann können Sie sich anstelle der zerstörerischen Gedanken Ihre Erfolge vergegenwärtigen. Benutzen Sie Rückschläge nicht, um Ihr ins Auge gefasste Ziel in Frage zu stellen oder gar aufzugeben. Machen Sie sich klar, dass Sie in diesem Moment eine gute Möglichkeit haben, etwas über Ihre Frustrationstoleranz zu lernen und sie zu trainieren.

Erfolgreiche Menschen zeichnen sich dadurch aus, dass sie sich die Erlaubnis geben, Fehler zu machen und aus ihnen zu lernen. Willigen Sie ein, dass es schwierig und anstrengend sein darf, ihr Ziel zu erreichen. Denken Sie daran, dass die Dinge, die wir uns schwer erarbeitet haben, immer wertvoll sind.

Wenn Sie feststellen, dass Sie einen »vollkommenen Absturz« erlebt oder produziert haben, hilft oft nur noch Humor. Stellen Sie sich dann vor, Sie führen ein Theaterstück auf mit dem Titel »Wie ich mal versagt und wie ich die Situation noch verschlimmert habe«. Spielen Sie Ihr Theaterstück mit einer guten Freundin oder einem guten Freund. Verleihen Sie dabei allen destruktiven Mechanismen eine Stimme, denn was schon einmal laut zu hören war, kann nicht mehr heimlich im Verborgenen wirken.

Lassen Sie sich auf keinen Fall in Ihrer Zielsetzung beirren! Sie haben es verdient, in Ihrem Leben frei von Opfergefühlen die Regie selbst zu führen!

Übungsteil

Welche Sackgasse könnte Ihre sein?

Sind Sie ungeduldig und wollen Sie schnell am Ziel sein?

➤ Wenn ja: Finden Sie Beispiele dafür und fragen Sie sich, ob sich Ihre Ungeduld ausgezahlt hat.
➤ Haben Sie den Eindruck, dass Sie sich die Erlaubnis geben, in sich selbst Zeit und Energie zu investieren?
➤ Was fällt Ihnen ein, wie Sie Ihre Geduld und Ausdauer erwerben oder stärken können?

Halten Sie Ihre Teilschritte für umsetzbar oder überfordern Sie sich leicht?

➤ Woran würden Sie erkennen, dass Ihr Teilschritt zu groß war?
➤ Woran würden Sie erkennen, dass Ihr Teilschritt zu klein war?
➤ Schreiben Sie sich Ihr Ziel in Teilschritte aufgeschlüsselt auf.
➤ Belohnen Sie sich regelmäßig für erledigte Schritte und bedenken Sie, dass Konditionierungen hartnäckig sind und das neue Verhalten oft geübt werden muss.

Neigen Sie dazu, Erkenntnis mit Umsetzung gleichzusetzen?

➤ Welche Situationen fallen Ihnen dazu ein?

Arbeiten Sie regelmäßig mit dem Satz »Ich darf Fehler machen, das macht nichts«?

Eine Vision des Friedens

Ich stelle mir vor, wie Menschen miteinander in Beziehung treten, miteinander kommunizieren, die mit Opfergefühlen bewusster umgehen. Ich gehe noch nicht einmal so weit, mir vorzustellen, wie es wäre, wenn sich Menschen nicht mehr von ihren Opfergefühlen beeinflussen ließen. Das erscheint mir unrealistisch.

Ich stelle mir dies zunächst im inneren Dialog einer Person vor. Dann hätten wir Menschen, die sich bewusst wären, dass sie selbst immer die Schlüssel zur Neuausrichtung in der Hand halten. Sie würden immer schneller erkennen, wann sie sie aus der Hand gäben und in Schuldzuweisungen verfielen. Da sie sich im Klaren darüber wären, wie nutzlos das ist, wären sie eher bereit, aus dieser Sackgasse herauszukommen. Sie würden sich selbst schneller vergeben und sich damit eine Menge an Negativität ersparen. Die Aufmerksamkeit dieser Menschen könnte sich dadurch ihrem konstruktiven Potenzial zuwenden und der Schritt in konstruktives Wachstum wäre fast zwangsläufig. Wir hätten dann Menschen, die sich ihrer selbst bewusst wären, die sich selbst liebten, achteten und sich in ihrer Einzigartigkeit annähmen. Dadurch wären sie auch in der Lage, andere Menschen zu achten und zu lieben. Wie ein Garten voll der schönsten, unterschiedlichsten Pflanzen, in dem sich keine mit der anderen vergleicht und sich unterlegen oder überlegen fühlt, sondern jede danach trachtet, ihr besonderes Sein zu entfalten.

Was für Beziehungen würden daraus entstehen! Beziehungen, in denen sich Menschen gegenseitig schätzen und sich unterstützen, statt Beziehungen, in denen Kampf mit wechselseitigen Beschuldigungen die prägende Energie ist. Beziehungen, in denen Personen sowohl die Ich- als auch die Wir-Erfüllung ausgewogen handhaben würden. Was für ein wundervolles Wachstumsfeld wäre das für Kinder.

Und ich stelle mir vor, wie sich das Wissen um Opfergefühle und die Erkenntnis, wie Menschen sich selbst und andere durch Opfergefühle schädigen, auf Konflikte zwischen Ländern, Religionen und Menschen unterschiedlicher Rassen auswirken müssten. Wenn Politiker erkennen könnten, dass ihre Motivation zum Handeln aus Opfergefühlen erwachsen ist.

Wären Prozesse, wie sie sich beispielsweise zwischen Israelis und Palästinensern abspielen, dann überhaupt noch denkbar? Was würde mit den Unterlegenheits- und Überlegenheitsgefühlen zwischen Menschen verschiedener sozialer Herkunft, Hautfarbe oder anderer unterschiedlicher Ausrichtungen geschehen?

Wenn ich mit diesen Ideen spiele und sehe, wie sich Menschen verändern, die ihren Opfergefühlen nicht mehr erlauben, ihr Handeln zu bestimmen, dann stelle ich mir vor, wie sich das im Größeren auswirken würde. Und dann entfaltet sich vor meinen Augen eine Vision des Friedens.